D1994155

Harald Zapp
Ernst Engelmann

SMART
BOOKS

IP-Telefonie der nächsten Generation

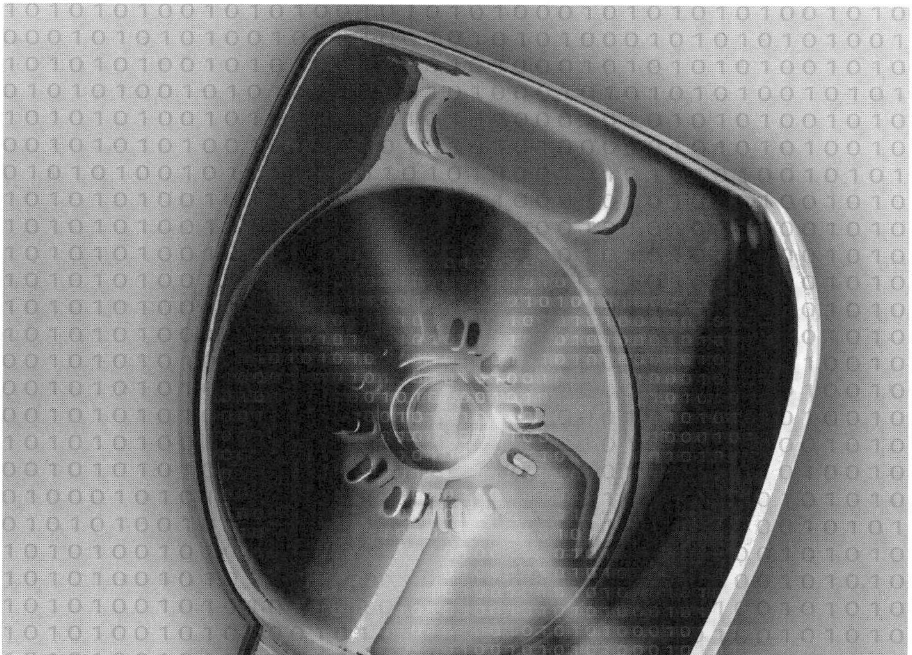

IP-Telefonie der nächsten Generation

Bibliografische Information der Deutschen Bibliothek
Die Deutsche Bibliothek verzeichnet diese Publikation in der Deutschen Nationalbibliografie; detaillierte bibliografische Daten sind über http://dnb.ddb.de abrufbar.

Copyright © 2006 SmartBooks Publishing AG

ISBN 3-908497-24-8
1. Auflage 2006

Konzeption / Koordination:	Daniel Mandl & Michael Schwarz Lektorat & Layout GbR, Husum / Nordsee buchprojekte@lektorat-layout.de
Cover- / Auftakt-Illustration:	Karin Lange | Design Rescue on Duty Frankfurt/Main, www.karin-lange.com
Druck / Bindung:	J. P. Himmer GmbH & Co. KG, D-Augsburg

Trotz sorgfältigem Lektorat schleichen sich manchmal Fehler ein. Alle an der Produktion dieses Buches Beteiligten sind Ihnen dankbar für Anregungen und Hinweise!

SmartBooks Publishing AG	Dorfstrasse 147, CH-8802 Kilchberg,
http://www.smartbooks.ch	E-Mail: smartbooks@smartbooks.ch
Aus der Schweiz:	Tel. 01 716 14 24, Fax 01 716 14 25
Aus Deutschland und Österreich:	Tel. 0041 1 716 14 24, Fax 0041 1 716 14 25

Alle Rechte vorbehalten. Die Verwendung der Texte und Bilder, auch auszugsweise, ist ohne die schriftliche Zustimmung des Verlags urheberrechtswidrig und strafbar. Das gilt insbesondere für die Vervielfältigung, Übersetzung, die Verwendung in Kursunterlagen oder elektronischen Systemen. Der Verlag übernimmt keine Haftung für Folgen, die auf unvollständige oder fehlerhafte Angaben in diesem Buch oder auf die Verwendung der mitgelieferten Software zurückzuführen sind. Nahezu alle in diesem Buch behandelten Hard- und Software-Bezeichnungen sind zugleich eingetragene Warenzeichen oder sollten als solche behandelt werden.

Besuchen Sie uns im Internet!

www.smartbooks.ch
www.smartbooks.de

Übersicht

Inhaltsverzeichnis

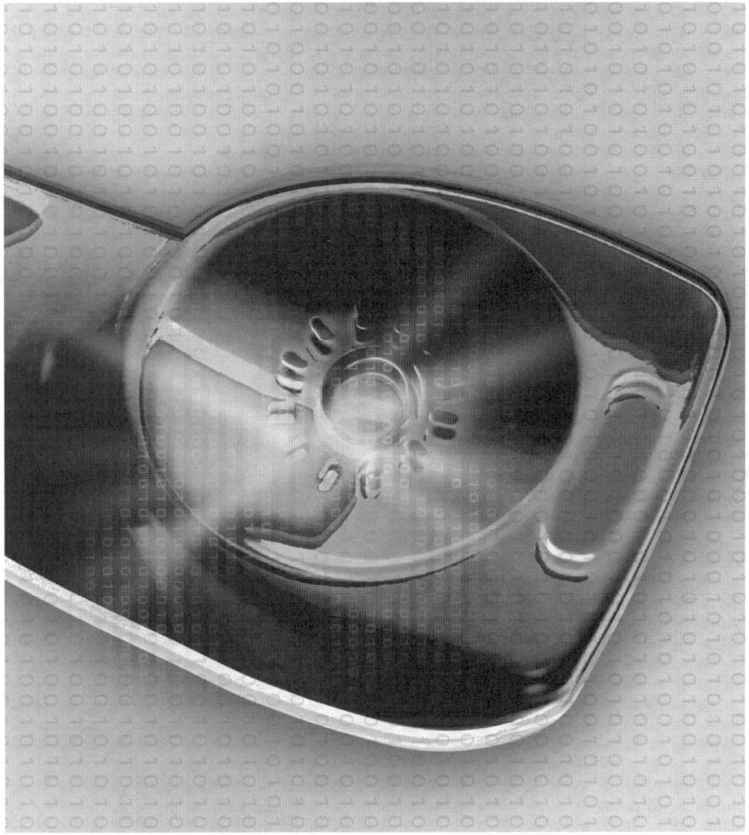

Vorwort

Vorwort

Der Siegeszug des Internetprotokoll IP ist nicht mehr aufzuhalten. Längst hat es sich weltweit als **der** universelle Transport-Standard für Daten etabliert. Dank IP finden aber nicht nur Computer-Daten zielsicher ihren Weg durchs Netzwerk, sondern – und dies ist der Gegenstand des vorliegenden Buches – auch immer mehr Telefongespräche. In diesem Kontext fallen oft die Begriffe *Voice over IP* und *IP-Telefonie*, obgleich die damit bezeichnete Technologie über reine Sprachkommunikation inzwischen weit hinausgeht und jede Art von multimedialer Echtzeit-Kommunikation betrifft. Ohne Weiteres lassen sich beispielsweise heute auch Videokonferenzen auf der Basis von IP abhalten. Bild- oder Sprach-Qualität stehen herkömmlichen Übertragungs-Methoden dabei in nichts mehr nach. Denn mittlerweile ist die neue Technologie vollkommen **ausgereift** und hat sich im **Geschäftsalltag millionenfach bewährt.**

Der Einstieg in die IP-basierte Kommunikation setzt im Unternehmen einen Konvergenz-Prozess in Gang: PC-Daten und Telefongespräche nutzen dasselbe Netzwerk – und bringen allein schon bei den Betriebskosten enorme Einsparungen. Etliche Praxisbeispiele und Ergebnisse wissenschaftlicher Untersuchungen zeigen auf, wie Voice over IP weiteres Potenzial zur Kostensenkung freisetzt. Systematisch werden wir auf all jene Faktoren eingehen, die für die Refinanzierung der erforderlichen Technologie-Investitionen von Bedeutung sind. Dabei spielen vor allem produktivitätssteigernde Effekte eine Rolle, aber ebenso die weit reichenden Möglichkeiten, sich durch neue Geschäftsmodelle **zusätzliche Umsatzquellen** zu erschließen und die **Qualität der Kundenbeziehungen** zu verbessern. Kommunikation via IP eröffnet Unternehmen zudem die Option, den Betrieb ihrer Kommunikations-Infrastruktur an einen externen Anbieter auszulagern. Das Stichwort heißt hier: «Managed Services» – auch für Mittelständler eine äußerst interessante Alternative zum Netzbetrieb in Eigenregie.

Neben der umfassenden Darstellung der Technologie und ihrer Implikationen bietet das vorliegende Buch auch **praktische Tipps** für die eigene Migrations-Planung. Denn für die meisten Unternehmen gilt: *Es ist keine Frage mehr,* ***ob*** *IP-Telefone eingeführt werden soll, sondern nur noch* ***wann*** *und* ***wie****.*

Wir wünschen Ihnen nun eine anregende Lektüre!

Harald Zapp und Ernst Engelmann
Deutschland/Schweiz, im Herbst 2005

1 Vom klassischen Telefonsystem zur IP-Telefonie

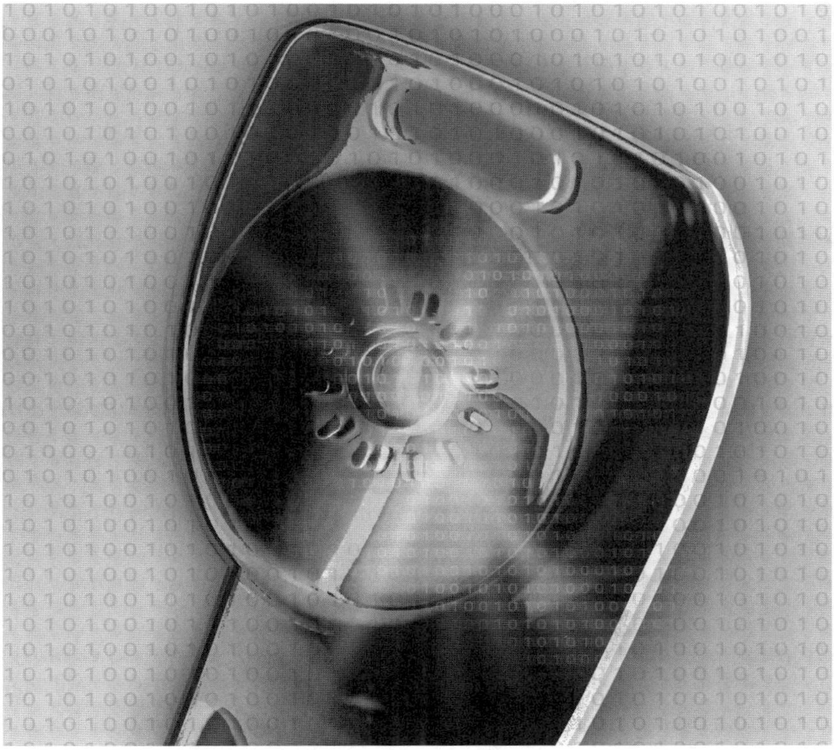

Wer heute zum Hörer eines gewöhnlichen Telefons greift, erwartet ein hohes Maß an Komfort: Die Sprache ist klar und deutlich, und selbst über Länder- und Kontinentgrenzen hinweg kommt es kaum zu Leitungsstörungen, die sich als Knistern und Rauschen äußern. Digitale Techniken wie ISDN bieten zudem einige zusätzliche Funktionen, auf die viele Anwender nicht mehr verzichten möchten.

Wir werden im Folgenden sehen: Telefonie auf Basis des Internet-Protokolls IP steht den gewohnten Qualitätsstandards heute in nichts mehr nach. Das vorliegende Kapitel klärt zunächst, was IP-Telefonie überhaupt ist. Dabei wird es auch um die herausragende Rolle herstellerunabhängiger Standards für die Investitionssicherheit der neuen Technologie gehen. Zum Schluss zeigen Praxisbeispiele auf, aus welchen Gründen sich immer mehr Unternehmen dafür entscheiden, ihre Kommunikations-Infrastruktur auf Basis des Internet-Protokolls IP zu vereinheitlichen.

Vom klassischen Telefonsystem zur IP-Telefonie

Mit zunehmender Ausdehnung des Internet – auf das zudem mit immer mehr Bandbreite zugegriffen werden kann – lag es nahe, auch Telefongespräche über diese neue Netzwerk-Infrastruktur abzuwickeln und dadurch Gebühren einzusparen. Wir werden am Ende des Kapitels andeuten, wie Service Provider diese Vision in attraktive Angebote für Verbraucher umsetzen, und das Thema «IP-Telefonie via Service Provider» dann in Kapitel 5 systematisch vertiefen.

Was ist IP-Telefonie?

Das Internet-Protokoll IP

Das Internet-Protokoll IP – vor gut 30 Jahren ohne kommerziellen Hintergrund entwickelt – ist heute weltweit *das* dominierende Übertragungsprotokoll für digitale Daten; dies gilt nicht nur im öffentlichen Internet, sondern auch in separaten Netzwerken von Unternehmen und Organisationen.

Genauer besehen handelt es sich bei IP um eine ganze Protokoll-Familie, die ein höchst effizientes Verfahren zur Datenübertragung zwischen verschiedenen Computern bereitstellt. Die angeschlossenen Rechner müssen dafür innerhalb des Netzwerks eindeutig identifizierbar sein. Deshalb ordnet IP jedem Netzwerkcomputer eine eigene, weltweit exklusive Adresse zu. In der gegenwärtig meist genutzten Version 4 des Protokolls setzt sich eine IP-Adresse aus vier getrennten Zahlenblöcken zwischen 0 und 255 zusammen, die durch Punkte voneinander abgetrennt sind, zum Beispiel 164.47.61.153.

Für den Transport durch das Netzwerk werden digitale Informationen in kleine Datenpakete zerlegt und jedes einzelne davon sowohl mit der IP-Adresse des Empfängers als auch mit derjenigen des Absenders versehen. So ausgestattete Pakete – auch Datagramme genannt – suchen sich nun ihren Weg zum Zielcomputer. (Wie dies im Einzelnen geschieht, stellt Kapitel 2 ausführlicher dar.)

Voice over IP

Dass sich mit IP auch Sprache angemessen übertragen lässt, offenbart die enorme Flexibilität des zugrunde liegenden Übertragungsmodells, die maßgeblich für den anhaltenden Erfolg des Internet-Protokolls verantwortlich ist. Die Bezeichnung «*Voice Over IP*» meint nichts anderes als den Transport von Telefongesprächen über IP-basierte Netzwerke: Analoge Sprachdaten werden hierfür digitalisiert und nach dem beschriebenen Muster in IP-Pakete zerlegt.

Telefoniert wird bei Voice over IP also über Datenleitungen, entweder innerhalb des Firmennetzes oder über das weltumspannende Internet.

Hier nun zunächst ein Blick auf die wichtigsten Vorteile von IP:

- *Kommerzielle Unabhängigkeit*
  Gerade im Technologiebereich versuchen viele Unternehmen, eigene Standards im Markt zu verankern, um neue Entwicklungen vor Konkurrenz zu schützen und sich so einen Wettbewerbsvorsprung zu sichern. Das Nachsehen haben meist die Verbraucher, denn der Kauf eines Produkts bindet sie an dessen Hersteller. Lösungen und Produkte, die auf dem Internet-Protokoll fußen, sind hingegen weitgehend herstellerneutral.

- *Kostenfreiheit*
  Als offenes Protokoll ist IP ungeschützt. Die Nutzung steht jedermann frei und kostet nichts – weshalb Systeme auf IP-Basis vergleichsweise preisgünstig sind.

- *Universalität*
  Das flexible Schichtenmodell (siehe Kapitel 2) und die hervorragend dokumentierte Architektur von IP ermöglichen es Herstellern, eigene Techniken aufzusetzen. So war IP ursprünglich nur als Protokoll für asynchrone Datenübertragung konzipiert; es erweist sich aber heute auch als leistungsfähige Basis für den Echtzeit-Transfer von Telefongesprächen und sogar von Videokonferenzen.

- *Erprobte Zuverlässigkeit*
  Seit Jahrzehnten hat sich IP in der Praxis bewährt – deshalb hat das Protokoll seine «Kinderkrankheiten» (mit denen bekanntlich jede neue Technik zu kämpfen hat) längst überwunden. Selbst frühere Opponenten, die noch lange an eigenen proprietären Netzwerkstandards festhielten, sind inzwischen umgeschwenkt und haben ihr Produkt-Portfolio auf IP umgestellt. Weltweit arbeiten heute schätzungsweise 240 Millionen Endgeräte auf der Basis von IP.

Weil Voice over IP alle wichtigen Eigenschaften vom zugrunde liegenden technologischen Fundament «ererbt», handelt es sich bei IP-Telefonie (ein Synonym für Voice over IP) um einen vollständig offenen, herstellerneutralen sowie nach allen Seiten hin kompatiblen Telefon-Standard. Welche vier Modelle in der Praxis heute eine Rolle spielen, stellt der folgende Abschnitt dar.

Äußerlich unterscheidet sich ein modernes IP-Telefon kaum von einem konventionellen Telefon.

IP-Telefonie heute: Die vier Modelle

VoIP im internen Firmennetzwerk

Dieses erste Anwendungsmodell nutzt das vorhandene Datennetzwerk im Unternehmen, um so zusätzlich Sprache zu übertragen. Interne Gespräche laufen entweder über das lokale Netzwerk am Standort, WAN-Verbindungen zwischen den Standorten oder über VPN-Verbindungen, mit denen eine Einwahl vom Internet in das Firmennetz von unterwegs möglich ist.

Externe Gespräche verlassen die firmeneigene Infrastruktur und nutzen weiterhin das öffentliche Fernsprechnetz, wobei ein so genanntes Voice Gateway oder eine entsprechend leistungsfähige Telekommunikations-Anlage als Interface zwischen internem, IP-basiertem Netzwerk und öffentlichem, leitungsvermittelten Telefonnetz agiert: An dieser Schnittstelle werden IP-Informationen in herkömmliche ISDN-Signale umgesetzt, so dass auch bei IP-Telefonaten mit Kunden die meisten gewohnten Leistungsmerkmale wie Makeln, Rufnummern-Übertragung oder Konferenzschaltung genutzt werden können.

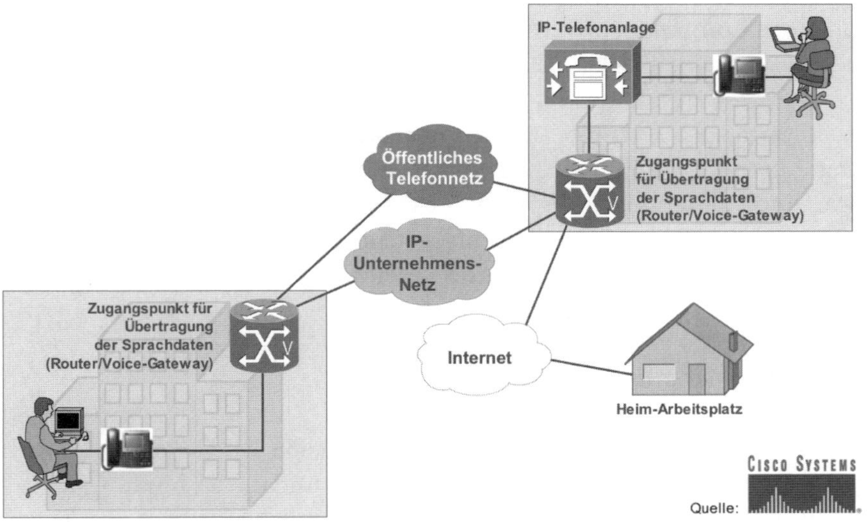

IP-Telefonie im Firmen-Netzwerk.

Voice over IP zur Kopplung von TK-Anlagen

Viele Unternehmen haben in der Vergangenheit erhebliche Investitionen in herkömmliche Telekommunikations-Technik geleistet, deren Abschreibungsfristen noch nicht erreicht sind. Dennoch kann der Einsatz von IP auch in solchen Fällen sinnvoll sein, zum Beispiel als kostengünstige Alternative zum öffentlichen Telefonnetz. Denn TK-Anlagen an unterschiedlichen Standorten lassen sich via IP miteinander verbinden – entweder über ohnehin betriebene Standleitungen für den Datenverkehr oder über die externe Infrastruktur eines Service Providers. In der Regel bieten Internet Service Provider (ISP) heute die bedarfsgerechte Skalierung von Bandbreiten an, sodass auch bei diesem Modell Business-taugliche Sprachqualität und hohe Zuverlässigkeit sichergestellt ist. Der wichtigste Vorteil IP-basierter Anlagenkopplung liegt jedoch in der Gebühren-Ersparnis.

IP-Telefonie via Internet

Diese Variante wird oft auch als «reine» Internet-Telefonie bezeichnet, weil öffentlich zugängliche Verbindungsserver hierbei direkt zur Sprachkommunikation eingesetzt werden. Derartige Server – so genannte **Softswitches** – sorgen im Internet für Gesprächsvermittlung und Verbindungssteuerung und nutzen dafür den verbreiteten Standard H.323 oder – immer öfter – das modernere *Session Initiation Protocol* / «SIP» (vergleiche Kapitel 2). Beide Gesprächspartner müssen demnach über IP-Telefone verfügen, die den jeweiligen Standard unterstützen. Alternativ dazu lässt sich auch direkt per Notebook oder PC telefonieren, nämlich über ein so genanntes **Softphone** – eine Software, die in

Verbindung mit Kopfhörer und Mikrofon alle erforderlichen Telefonfunktionen am Computer zur Verfügung stellt. In Kapitel 4 werden wir den *Cisco IP Communicator* als ein Beispiel für derartige Software-Telefone kennen lernen.

Gegenwärtig gibt es im Internet aber noch keine durchgehende Qualitätssicherung: Kurzzeitige Bandbreiten-Engpässe können zu unerwarteten Pausen und sogar zum vollständigen Gesprächs-Zusammenbruch führen. Abhilfe schaffen hier breitbandige Internetverbindungen, zum Beispiel per DSL mit garantierter Bandbreite. Damit wird reine Internet-Telefonie als Ergänzung zum herkömmlichen Telefonanschluss immer interessanter.

IP-Telefonie per Internet-Gateway

Bei dieser viel versprechenden Variante tritt das Netzwerk eines spezialisierten Service Providers an die Stelle des herkömmlichen Telefonnetzes. Auch hier sind Softswitches für die Gesprächsvermittlung und die Verbindungskontrolle zuständig. Da die Gespräche nicht über das öffentliche Internet, sondern über die dezidierte Infrastruktur eines Anbieters laufen, lassen sich mit diesem Modell hohe Werte für Qualität und Zuverlässigkeit der Sprachkommunikation realisieren.

Normen sichern Investitionen

Noch bis vor wenigen Jahren war der Markt für IP-Telefonie sehr unübersichtlich, weil er von diversen, untereinander nichtkompatiblen Firmenstandards unterschiedlicher Hersteller geprägt war. Deshalb haben frühere Auflagen des vorliegenden Buches mit Nachdruck auf die Notwendigkeit offener, herstellerunabhängiger Standards hingewiesen. In der Zwischenzeit sind die gemeinsamen Standardisierungs-Bestrebungen der Marktteilnehmer weit fortgeschritten, woran nicht zuletzt auch Cisco Systems maßgeblichen Anteil hat. Im Folgenden seien die wichtigsten Normen im Umfeld von Voice over IP kurz dargestellt:

Noch der alten Welt verhaftet

Mit H.323 stellte die International Telecommunications Union (ITU) 1996 erstmals einen Standard vor, der Ausrüstung und Dienste für die paketvermittelte Sprachübertragung regelt. H.323 stützt sich dabei auf das Realtime Transport Protocol (RTP), das jedes Datenpaket mit einem Zeitstempel versieht. So kann der Empfänger die ursprüngliche Sende-Reihenfolge der Pakete wiederherstellen – die Grundvoraussetzung für synchronisierte Echtzeit-Datenströme, also auch für Telefonate über das Internet. Als 1998 die zweite Version von H.323 vorlag, griffen die Hersteller das Regelwerk auf; die neue Technologie erreichte den Markt.

Denk 360°!
N
W
O
S
Überall Märkte, überall Business,
überall T-Systems.
In über 20 Ländern auf der ganzen Welt
sorgen wir für mehr Flexibilität
unserer Kunden.
Wir kennen die Märkte und die
Branchen – und haben die Lösungen:
Informations- und Kommunikations-
technologie, die beweglich macht.
Unsere internationale Erfahrung
machen wir lokal nutzbar.
Für unsere Kunden eine runde Sache.
www.t-systems.com
Business flexibility
T · · Systems · · ·

H.323 ist von einer stetig wachsenden Familie von Unterstandards umgeben, auf deren Hilfe das Protokoll zum Beispiel bei ISDN-ähnlichen Leistungsmerkmalen angewiesen ist. So ermöglicht der Substandard H.450 etwa die Besetztanzeige, Anrufumleitung oder Parken. Allerdings wird hieran deutlich, wo H.323 seine Wurzeln hat: in einer Zeit, die vom Fortbestehen zweier getrennter Kommunikations-Welten ausging – leitungsvermittelte Telefonnetze auf der einen, IP-basierte Computernetze und das Internet auf der anderen Seite. In der Folge macht das stetige Anwachsen der Protokoll-Familie die praktische Anwendung von H.323 zunehmend unflexibel.

SIP auf der Überholspur

Drei Jahre später als H.323 gestartet, gilt nun das Session Initiation Protocol (SIP) vielen Experten als **das** Protokoll der Zukunft. Urheber ist in diesem Fall die Internet Engineering Task Force (IETF) – eine Internetbehörde, und nicht wie im Fall H.323 die Internationale Telekommunikations-Union.

SIP ist rein textbasiert und ähnelt äußerlich HTML (Hypertext Markup Language). Im Unterschied zum monolithischen H.323 ist SIP modular strukturiert und daher wesentlich flexibler zu erweitern. Ursprünglich legt das Protokoll nur das Verfahren für die Verbindungssteuerung fest, ist aber offen für Quality of Service («QoS»). Das QoS-Konzept sorgt dafür, dass IP-Telefonie in Datennetzen ohne Verzögerung bereit steht – was mit einfacher Bandbreiten-Erhöhung nur bis zu einem gewissen Grad möglich ist. Von Hause aus behandelt das Internet-Protokoll IP alle IP-Pakete gleich – egal ob sie zeitkritische Daten wie Sprache transportieren oder nicht. QoS identifiziert Sprach- oder Videopakete und ordnet ihnen höhere Prioritäten zu. Bei einem Bandbreiten-Engpass können solche Pakete bevorzugt vor weniger wichtigen behandelt werden.

Die SIP-Architektur orientiert sich stark am Internet-Modell: Die Verbindungslogik ist im Netzwerk verteilt, residiert entweder im Endgerät oder als Service auf Servern. Daher eignet sich SIP besonders gut für intelligente Endgeräte – was mit ein Grund dafür sein dürfte, warum immer mehr Hersteller ihre Produktion auf SIP-fähige Endgeräte umstellen. Beispiele für solche SIP-Geräte sind unter anderem die IP-Telefone Cisco 7941 und 7961.

Ein weiterer Vorteil von SIP ist die Unabhängigkeit von Transportprotokoll und übertragendem Medientyp. Weil SIP zudem sämtliche Informationen im Klartext kodiert, fallen Implementierungen und Fehlersuche sehr viel leichter als bei H.323.

Ein Sip-fähiges IP-Telefon.

Multiprotokoll-Fähigkeit

Angesichts der Verbreitung von H.323 ist es für Service Provider und Hersteller von großem Vorteil, dass sich SIP mit H.323 und anderen Standards kombinieren lässt. Ein Beispiel dafür liefert der Cisco Multiprotokoll Media Gateway Controller PGW 2200, der eine Schnittstelle zwischen traditioneller leitungsvermittelter Telefonwelt, H.323-Infrastrukturen und modernen SIP-Netzen bietet. Auf Multiprotokoll-Fähigkeit sind insbesondere Service Provider angewiesen, die mit Voice over IP den Massenmarkt erobern wollen; sie schwenken derzeit auf breiter Front zu SIP. Der Anbieter Sipgate, der sein Protokollbekenntnis ja schon im Namen führt, verwendet das SIP-Protokoll bereits seit seinem Marktstart im Januar 2004.

Standards contra Normen-Chaos

Die Computerbranche hat in der Vergangenheit deutlich – und sehr zum Nachteil der Kunden – gezeigt, wohin die Verwendung herstellereigener, proprietärer Systeme führen kann. Bis in die 90er Jahre hinein herrschte auf dem Computermarkt ein Normen-Chaos: Viele namhafte Hersteller versuchten, Kunden mit eigenen, zur Konkurrenz inkompatiblen Systemen an sich zu binden.

Standards sind für Kunden vorteilhaft

Der Markt regulierte sich demnach selbst und setzte zum Vorteil der Kunden eine industrieweite Standardisierung in Gang. Umgekehrt ist auf auch Kundenseite die Einsicht gewachsen, dass nur offene Standards langfristige Investitionssicherheit bieten können. Auch scheint die Zeit so genannter De-Facto-Standards (Entwicklungen großer Hersteller, die ihre Technologien dann an andere Anbieter lizensierten) vorbei.

In der Folge wurden Hardware-Systeme immer homogener und stützen sich heute zumeist auf offizielle Standards.

In der Netzwerk-Welt schuf die internationale Expertenorganisation IEEE (Institute of Electrical and Electronics Engineers) Fakten: Sie sorgte für einen einheitlichen Verkabelungs-Standard, wodurch sich zum Beispiel Koaxialkabel gemäß RG 58 endlich an beliebige Netzwerk-Geräte anschließen ließen. Auch Kleinteile wie Buchsen, Adapter und Konverter passten nun zueinander. Andererseits behinderten Konkurrenzsituation und Eigeninteressen mancher Hersteller auch weiterhin die Entwicklung allgemeingültiger Standards, weshalb übergreifenden Institutionen wie die ITU und die IEEE eine so entscheidende Rolle zukommt. Wir erinnern uns: Auch das erste offene, frei verfügbare und lizenzfreie Netzwerk-Protokoll – das Internet-Protokoll IP – kam nicht aus der Industrie, sondern aus der Wissenschaft.

Hersteller-Unabhängigkeit hat Priorität

Wie IP garantiert auch IP-Telefonie Unabhängigkeit von einem bestimmten Hersteller. Anders die Situation bei der traditionellen Telekommunikations-Technik: Wer beispielsweise eine ISDN-Telefonanlage einsetzt, ist bei Reparatur und Wartung oder bei Erweiterung der Nebenstellen auf ISDN-Technik und meist auch auf entsprechende Spezialisten angewiesen. Oft sind Kundenunternehmen über Jahre an Wartungsverträge gebunden – womit sich hier die gleichen prinzipiellen Abhängigkeiten zeigen, wie sie der vorige Abschnitt für die Computerbranche der 90er Jahre skizzierte.

Abhängig sind Kunden nicht nur vom Preisdiktat eines Herstellers, sondern auch von dessen Technologie. Im schlimmsten Fall stellt dieser die Entwicklung ein, sodass die entsprechenden Investitionen bedroht sind. Außerdem bleiben abhängigen Unternehmen fortschrittliche Lösungen, wie sie der Markt längst bietet, verwehrt, weil sie nicht zur vorhandenen Infrastruktur passen. Beispielsweise sind viele ISDN-Telefonanlagen mit modernen Voice-Mail-Lösungen nicht kompatibel. Die Folge: Innovationsstau und dadurch verschenktes Produktivitäts-Potenzial.

Abhilfe schaffen hier Entwicklungen wie das SIP-Protokoll oder der erwähnte Standard H.323 (die allerdings weniger Leistungsmerkmale zur Verfügung stellen). Denn beide Techniken schlagen eine Brücke zwischen traditioneller Telekommunikations-Welt und modernem Voice over IP-Equipment, wodurch sich vorhandene Telefonanlagen in neue, erweiterte Kommunikationslösungen einbeziehen lassen. Unterstützung finden Unternehmen hier zumeist bei unabhängigen Beratern, die kundenindividuell abgestimmte Telefonsysteme projektieren.

Anwenderfreundlichkeit fördert Akzeptanz

Aus Anwendersicht zählt die Nutzerfreundlichkeit zu den größten Vorteilen der IP-Telefonie: Oftmals bemerken Anwender kaum einen Unterschied zum früheren Telefon, sie brauchen vor allem keine neue Techniken zu erlernen. Stattdessen greifen sie wie gewohnt zum Hörer, wählen die gewünschte Rufnummer oder den zugehörigen Namenseintrag im internen Telefonbuch und sprechen in die Hörermuschel.

Auch bei der Sprachqualität gibt es keinerlei Abstriche mehr: Sprache klingt unter IP nicht anders als bei einem normalen ISDN-Telefonat. Theoretisch lassen sich auch glasklare Töne in CD-Qualität übertragen, was aber mit Blick auf den Bandbreiten-Bedarf nicht sinnvoll erscheint. Der Frequenzgang ist bei den meisten IP-Lösungen demjenigen einer ISDN-Anlage ähnlich, was in etwa durchschnittlicher Radioqualität entspricht.

Hersteller von IP-Telefonie-Systemen haben das erkannt und entsprechend reagiert. So können bestehende Telefone ausgetauscht werden und durch funktionsäquivalente, aber IP-taugliche Systeme ersetzt werden. Voraussetzung ist jedoch, dass die zentrale Signalisierungs-Einheit, zum Beispiel ein Cisco Call-Manager installiert ist. Über ein voice-taugliches Gateway ist die IP-Telefonie kompatibel zu einer TK Anlage und den alten Telefon-Endgeräten.

Einfache Bedienung, Komfort in der Handhabung und zuverlässige Qualität sind wichtige Erfolgsfaktoren für den Einstieg in die Welt der IP-Telefonie. Denn sie garantieren eine breite Akzeptanz der neuen Technologie im Geschäftsalltag.

Gründe und Optionen für die Migration

Ein wesentlicher Vorteil aus Unternehmen-Sicht ist der Umstand, dass IP-Systeme als Ein-Kabel-Lösungen installiert werden können. Früher erforderten Telefon- und Computer-Systeme separate Leitungen mit unterschiedlichen Verkabelungen.

Der Installations- und Wartungs-Aufwand war entsprechend hoch; die Arbeiten wurden zudem von zwei verschiedenen Spezialistenteams erledigt – zu verschieden sind Computer- und Telefon-Technologie gewesen. Hinzu kommt, dass nicht nur die Verkabelungen, sondern auch alle sekundären Systeme separat für Computer- und Sprach-Kommunikation installiert werden mussten. So existierten Router und Switches sowohl für Telefone als auch im Computernetz, mussten aber doppelt installiert und gewartet werden. Ähnliches gilt für andere Komponenten, beispielsweise Adapter, Klemmen oder Buchsen.

Komplett neue Verkabelung in der Schweizer Konzernzentrale

Aus diesen Gründen erneuerte der Schweizer Versicherungskonzern Nouvelle Compagnie de Réassurances 2001 seine komplette Verkabelungs-Infrastruktur in Vorbereitung auf die IP-Telefonie. Die alte Verkabelung mit geringer Datenlast wurde ausgewechselt; die Schweizer Versicherung verwendet nun so genannte Kat-5-Verkabelung mit vier Kupferleitungen, die sowohl für Telefone als auch PCs genutzt werden können.

Raiffeisen Österreich: Übergang zum Telefonnetz

Für die österreichische Raiffeisen Rakon war die Möglichkeit zur transparenten Anbindung des vorhandenen ISDN-basierten Telefonnetzes das entscheidende Pro für die Einführung von IP-Telefonie. Zudem sollte die Kommunikation auch über das firmeneigene Raivan-IP-Netz möglich sein. Beides konnte durch den Einsatz mehrerer Cisco CallManager (siehe Kapitel 4) erreicht werden. Denn die CallManager erkennen automatisch, welche Subinfrastruktur aktuell wie viel Bandbreite benötigt und schalten entsprechend um.

In den meisten Unternehmen existieren getrennte Verkabelungen für Telefon- und Daten-Systeme. Für den Einstieg in die IP-Telefonie stehen daher drei Optionen offen:

- Die bisherige Telefonsystem wird gegen IP-Telefonie ausgetauscht und das Daten-Netzwerk so angepasst, dass es beide Informationsströme über seine Leitungen transportieren kann. Bei dieser Option gibt es keine Migrationsphase zur Umstellung bzw. keine Anbindung an bestehende TK-Systeme.

- Die zweite Option stellt einen Parallelbetrieb von bestehenden TDM-Telefonsystemen und IP-Telefonie dar. Hierbei werden Kopplungsverfahren über IP oder ISDN zwischen den Anlagen eingesetzt. Die zur Verfügung stehenden anlagenübergreifenden Leistungsmerkmale hängen hierbei von dem eingesetzten Protokoll ab. In der Kopplung über Q.Sig (ein ISDN-Derivat) werden beispielsweise Funktionen wie Rückruf bei besetzt oder Schleifenauflösung bei Rückvermittlung unterstützt.

- Die Erweiterung von bestehenden TDM-basierten TK-Anlagen um IP-Telefonie-Funktion stellt die dritte Option dar. Hierbei werden in der Regel an den IP-Telefonen die gleichen Leistungsmerkmale wie an den TK-Systemtelefonen bereitgestellt. Nachteile dieser hybriden Migration liegen in der geringeren Flexibilität, Skalierbarkeit und Offenheit der Schnittstellen.

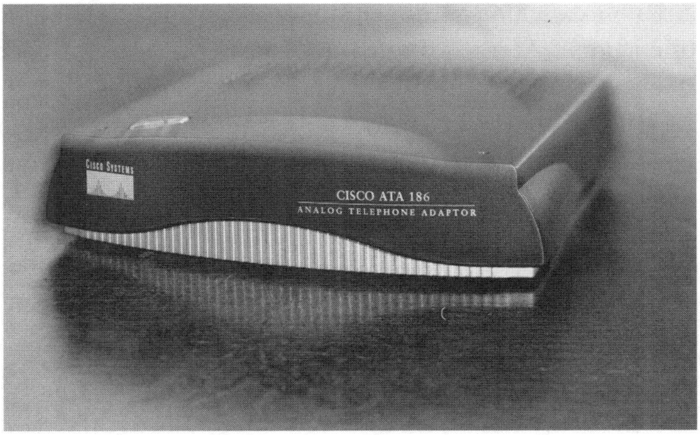

Der «ATA 186» ist ein Adapter zur Anbindung von Fax oder analogen Telefonen.

Transaktionskosten sinken

Die Gesprächskosten sind bei IP-Telefonsystemen in aller Regel günstiger als bei klassischen Telefonanlagen. Denn interne Gespräche zwischen geographisch entfernten Standorten liefen bisher über das öffentliche Telefonnetz, für jede Gesprächsminute schlugen also Gebühren nach Maßgabe des jeweils geltenden Telekom-Tarifs zu Buche.

Besteht zwischen zwei Unternehmensstandorten bereits eine physische (Kabel-, Glasfaser-Leitung) oder nichtphysische (Satellit, Funk) Datenverbindung, so lässt die sich mit gewissen Anpassungen und unter bestimmten Voraussetzungen meist auch für den Telefonverkehr nutzen. Dabei sorgt eine leistungsfähige Komprimierung der Sprachdaten dafür, dass die vorhandenen Datenleitungen nicht übermäßig strapaziert werden. Cisco-Netzwerke komprimieren Telefonate zum Beispiel gemäß G.729, sodass sich der Bandbreiten-Bedarf je Gespräch auf lediglich 15 bis 20 Kilobit pro Sekunde beschränkt.

IP-Telefonie auf dem Sprung

Das Marktforschungs-Unternehmen Techconsult legte eine umfassende Studie vor, die sich mit den unternehmerischen Aspekten der IP-Telefonie auseinandersetzt. Sie zeigt insbesondere, dass IP-Telefonie in vielen Unternehmen nicht allein als technische, sondern in erster Linie als strategische Richtungs-Entscheidung verstanden wird: In drei Viertel der untersuchten Unternehmen ist die oberste Führungsebene an der Diskussion um diese Technologie beteiligt. 42 Prozent der befragten Firmen gaben die IT- beziehungsweise Telekommunikations-Abteilung als Entscheidungsträger an. Mit über 90 Prozent ist die

Einflussnahme von Geschäftsleitungen bei Banken und Versicherungen überdurchschnittlich hoch. Ähnliches gilt für Dienstleistungs-Unternehmen; hier liegt dieser Wert bei 85 Prozent. Und einen weiteren Trend legte die Studie offen: Je größer ein Unternehmen, desto geringer der Einfluss der obersten Führungsebene; gleichwohl beschäftigen sich auch in Großunternehmen Spitzenmanager mit den Chancen und Risiken von Voice over IP.

Das Für und Wider der IP-Telefonie

Als wichtigsten Antrieb für die Nutzung von IP-Telefonie arbeitet die Studie das Streben nach geringeren Betriebskosten und nach größerer Flexibilität heraus. Kaufmännische Entscheider legen mindestens ebenso hohe Maßstäbe an wie Techniker, wobei bei Kaufleuten die Integrationsfähigkeit der Lösung und die Reduktion von Anschaffungskosten eine etwas höhere Priorität genießt. Besonders wichtig nehmen Unternehmen mit 500 bis 999 Mitarbeitern die Punkte Integrationskraft und Kostensenkungs-Potenzial, während für kleinere Unternehmen mit bis zu 199 Angestellten der konkrete Nutzen für den Anwender im Vordergrund steht.

Kostensenkungs-Aspekte spielen für den Finanzsektor eine hervorgehobene Rolle. Geringere Betriebskosten, erhöhte Flexibilität und Nutzen für die Anwender sind für den Handel überdurchschnittlich bedeutsam, während bei Behörden und Dienstleistungs-Unternehmen einfache Integration von Applikationen in die IP-Telefonie-Lösung als stärkster Antrieb zum Umstieg auf die neue Technik gesehen wird.

Die Studie von Techconsult geht auch auf Bedenken gegen IP-Telefonie ein. Die meisten davon beziehen sich auf vermeintlich hohe Einführungskosten. Mancher Verantwortliche hält IP-Telefonie für technologisch noch nicht hinreichend ausgereift, andere befürchten Integrationsprobleme und dadurch bedingt hohe Folgekosten. Tatsächlich sind solche Vorbehalte von der Realität inzwischen vielfach widerlegt, wie die folgenden Kapitel noch eingehender darlegen werden.

Mittelstand rückt in den Focus

Die Studie offenbart ein weiteres Phänomen: Der Mittelstand entdeckt Voice over IP. Stärker als in den vergangenen Jahren interessieren sich immer mehr Unternehmen mit weniger als 1000 Mitarbeitern für den Einstieg in die IP-Telefonie. Schon die vorangegangene Auflage dieses Buches hob das erhebliche Potenzial hervor, welches die IP-Telefonie gerade auch für den Mittelstand bereithält. Inzwischen haben Systemhäuser und Reseller etliche neue Geschäftsmodelle speziell für diese Zielgruppe entwickelt, worauf wir am Ende dieses Kapitels noch einmal zurückkommen werden.

Auch für den Mittelstand lohnt sich IP-Telefonie.

Im Detail beschäftigt sich die Techconsult-Analyse auch mit Problemen während der Installationsphase IP-basierter Telefonie-Lösungen. Die häufigsten Komplikations-Befürchtungen resultieren aus dem Vorurteil, IP-Telefonie sei eine derzeit noch «unreife» Technologie. Die Studie belegt das Gegenteil: Gemessen an den Chancen von Voice over IP (vergleiche besonders Kapitel 3), werden die Risiken zurzeit eindeutig zu hoch eingeschätzt.

Wer IP-Telefonie heute einsetzt

Die Nutzung von IP-Telefonie setzt sich mittlerweile branchenübergreifend durch; Vorreiter sind dienstleistungsorientierte Branchen. Denn kommunikationsintensive Service-Unternehmen sind besonders daran interessiert, ihre – gemessen am Gesamtumsatz – hohen Telefonkosten zu reduzieren. Hervorzuheben ist auch der Innovationsgrad im Öffentlichen Dienst, wo IP-Telefonie inzwischen sichtbar zur Vereinheitlichung der Behörden-Kommunikation beiträgt und damit beträchtliche Kosten-Einsparungen bringt.

Telefonie bald nur noch über das Internet?

Gleichwohl: Der Trend zur IP-Telefonie ist ungebrochen. Selbst große Service Provider planen in den kommenden Jahren, ihre Telefonnetze auf Internet-Technologien umzurüsten. So will die British Telecom bis 2008 Milliardenbeträge in einen entsprechenden Umbau ihres Kommunikationsnetzes investieren (siehe Kapitel 5). Auch die Deutsche Telekom AG plant, auf Basis von IP ihre Geschäftabläufe zu vereinfachen und die Prozesskosten zu senken. So setzt die Telekom-

Tochter T-Com künftig auf IP-Telefonie: Spätestens 2012 soll leitungsvermittelte Festnetz-Telefonie vollständig abgelöst sein – wobei viele Endanwender den Paradigmenwechsel auf Infrastruktur-Ebene daheim nicht unbedingt bemerken werden. Denn auch bei Voice over IP sind die Kunden unter ihrer persönlichen Telefonnummer wie bisher weltweit erreichbar. Spätestens jedoch wenn sie auf Reisen sind, werden sie den Unterschied zur heutigen Technik spüren: Sie können ihr Telefon überall mit hinnehmen – und sind überall auf dem Globus unter derselben Nummer erreichbar.

T-Com hat errechnet, dass sich ein erheblicher Teil aller derzeit notwendigen Ressourcen durch IP einsparen lassen. Denn heute erfordert jedes Gespräch zwischen zwei Teilnehmern eine exklusive Direktverbindung – deren Kapazitäten die meiste Zeit aber brachliegen. Im Gegensatz dazu okkupiert ein IP-Telefonat immer nur soviel Transportkapazität, wie tatsächlich benötigt ist, nämlich lediglich einen Bruchteil der bisher erforderlichen dezidierten Leitungskanäle. Auch dies ein Grund für das große Interesse vieler Telekommunikations-Unternehmen an Voice over IP.

Gesetzliche Regelungen fördern IP-Telefonie

Inzwischen hat auch der deutsche Gesetzgeber die Zeichen der Zeit erkannt und beginnt, den Weg für IP-Telefonie zu ebnen. So hat die zuständige Regulierungsbehörde für Telekommunikation und Post (RegTP) 2004 eine Regelung verabschiedet, die es auch Unternehmen ohne eigene Netz-Infrastruktur erlaubt, Telefondienste auf IP-Basis anzubieten. Anbieter können dafür bei der RegTP Nummernblöcke in 1000er Chargen beantragen.

Als Vorwahlnummer für derartige Angebote kommt die «Nationale Teilnehmer-Rufnummern» (NTR) aus dem Rufnummern-Raum 032 in Frage. NTR sind ähnlich aufgebaut wie Ortsnetz-Rufnummern, haben aber keinen geographischen Bezug, was ja zum Beispiel auch auf Mobilfunk-Rufnummern zutrifft. Der Vorteil für die Endkunden: Bei einem Umzug zieht die Rufnummer unverändert mit. Dank NTR können Dienstanbieter zudem Kunden aus ganz Deutschland bedienen, ohne auf die Vorwahlnummern der rund 5.200 Ortsnetz-Bereiche angewiesen zu sein.

Sipgate startet durch

Als eine der ersten deutschen «Internet-Telefongesellschaften» hat der Düsseldorfer Anbieter Indigo die neuen Möglichkeiten in ein Dienstleistungspaket für Endkunden umgesetzt: Mit dem Service «Sipgate» können DSL-Nutzer per IP-Telefonie jetzt kostenlose Gespräche mit anderen Kunden des gleichen Dienstes führen. Mitte 2004 schalteten freenet und sipgate ihre IP-Netzwerke zusammen, im Dezember 2004 folgte der Service Provider web.de. sipgate bietet innerhalb seines Peeringnetzes kostenlose Gespräche zu rund einer Million Nutzer. Als Beispiel für ein Geschäftsmodell, das Internetangebote und Telefonie vereinigt, sei der sipgate-Tarif sipgate1000 angeführt: Für einen monatlichen Festbetrag können Verbraucher via DSL im Internet telefonieren. Benötigt wird dafür ein IP-Telefon, das den oben erwähnten Standard SIP unterstützt. Alternativ dazu hält der Markt inzwischen auch entsprechende Adapter bereit, sodass sich der neue Sipgate-Service auch mit einem herkömmlichen Telefon in Anspruch nehmen lässt. Diese Art der IP-Telefonie findet besonders im Privat-Umfeld sehr großen Zuspruch. Sipgate hängt als Dienst immer von der DSL-Qualität – beispielsweise von der Übertragungsrate – ab. Ist diese gewährleistet, läuft der Dienst zuverlässig und auf ISDN-Niveau.

Neue Geschäftschancen für Systemhäuser und Service Provider

Auf die Kosten-Einsparungen und Produktivitäts-Zuwächse, die mit der Einführung homogener Kommunikationsnetze im weitesten Sinne einhergehen, kommen wir in Kapitel 3 im Detail zurück. Nicht zu vergessen sind daneben die wirtschaftlichen Effekte, die sich aus neu erschlossenen Geschäftsfeldern ergeben. Außer den Umsätzen durch Implementierung, Installation, Projektmanagement, Beratung und Service bieten sich weitere Chancen: Hohe Bandbreiten und das immer breitere Spektrum des technisch Machbaren legen provisionsgestützte Geschäftsmodelle nahe. Denkbar wären zum Beispiel …

- die Bereitstellung der Infrastruktur wie Kommunikationszentralen (etwa der Cisco CallManager) und der Kommunikations-Endgeräte beim Kunden gegen ein nutzer- oder frequenzabhängiges Entgelt;

- das Hosting von Applikationen (so genanntes «Application Service Providing», kurz ASP), wobei dem Kunden neben der Kommunikations-Infrastruktur gleichzeitig auch maßgeschneiderte Anwendungen «vermietet» werden. Als Basis dafür eignet sich Cisco IP Communications – die Architektur für die Übertragung von Sprache, Daten und Bildern, die in Kapitel 4 eine zentrale Rolle spielen wird.

Fastweb arbeitet mit Cisco und Italtel zusammen

In Italien ist es der Anbieter Fastweb, der die Möglichkeiten von Voice over IP frühzeitig erkannt hat und Kunden profitable Mehrwertdienste auf IP-Basis anbietet. Fastweb, die Nummer Zwei in Italien, arbeitet seit Dezember 2004 mit Cisco und Italtel daran, IP-Telefonie einzuführen. Fastweb-Kunden können künftig die drei Breitband-Dienste Voice, Data und Video gebündelt aus einer Hand beziehen.

T-Systems setzt auf Zukunftstechnologien

Auch die T-Systems setzt auf eine Voice over IP-fähige LAN-Infrastruktur. Gerade für einen Telekommunikations-Konzern ist es wichtig, neue technische Entwicklungen rasch aufzugreifen und auch selbst zu nutzen. Im Firmennetz der Unternehmenssparte wurden herkömmliche Telefonanlagen zugunsten von Voice over IP abgebaut. Dabei wurden alte Anlagen aber nicht eins zu eins gegen ebenso viele CallManager-Systeme getauscht – vielmehr konzentrierten die Planer das neue Kommunikationssystem: Ein zentraler CallManager-Verbund steuert nun alle IP-Telefone in den zirka 38 Standorten der Telekom-Tochter. An 19 Niederlassungen sorgen so genannte IP-Gateways für den Zugang zum öffentlichen Telefonnetz.

Insgesamt sind zurzeit rund 3.900 IP-Telefone im Einsatz. Die Vorteile der Lösung liegen auf der Hand: 38 TK-Anlagen gegen einen CallManager-Cluster und Einsparungen bei der Gebäude-Verkabelung, weil die IP-Telefone das Datennetz mitnutzen. Zudem wird der gesamte firmeninterne Telefonverkehr über die ohnehin angemieteten WAN-Leitungen abgewickelt, wobei ein flexibel konfigurierbares LCR-System (LCR = Least Cost Routing) auch die Gebühren für externe Ferngespräche senkt.

Auch die Mitarbeiter der Telekom-Tochter profitieren von der Einführung der IP-Telefonie: Sie erreichen ihre Kollegen bundesweit nun über eine 6 stellige Nebenstellen-Nummer; und das komplette Firmenverzeichnis steht ihnen auf dem Display des Telefons zur Verfügung. Persönliche Verzeichnisse, Kurzwahl-Nummern und Rufumleitungen können bequem über einen Webbrowser eingegeben werden.

Auch die Telekom hat IP-Telefonie im Einsatz.

In Kapitel 3 werden wir die wirtschaftlichen Vorzüge der IP-Telefonie systematisch darlegen und anhand weiterer Praxisbeispiele untermauern.

2 Technologische Vorteile der IP-Telefonie

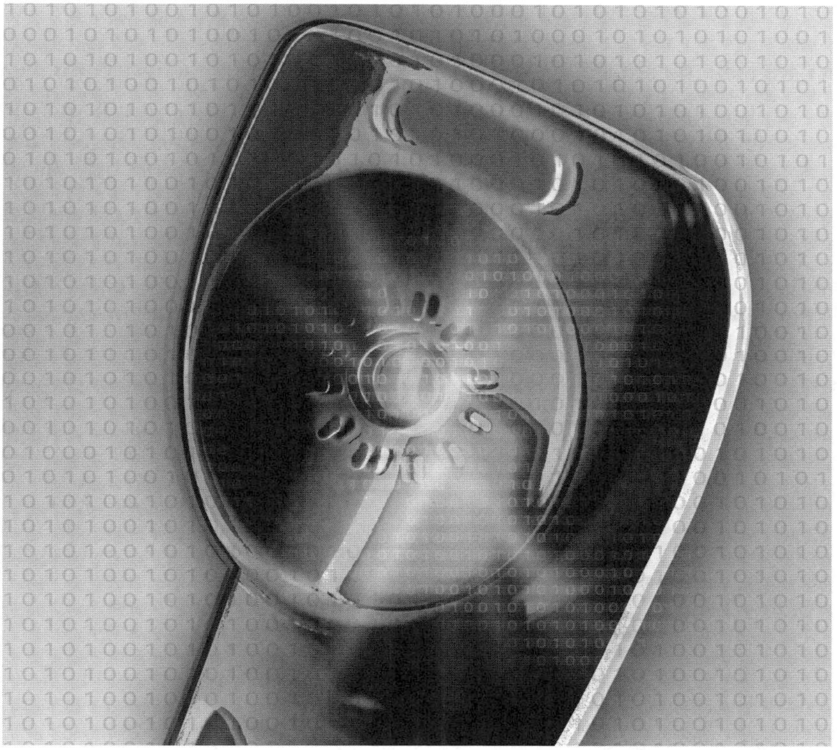

Das vorliegende Kapitel gibt einen Überblick über die wichtigsten Technologien im Netzwerk: Wir stellen das Transportprotokoll TCP vor und zeigen, welchen Beitrag die Orientierung auf das OSI-Referenzmodell für die medien- und herstellerunabhängige Kommunikation im Netzwerk leistet. Zudem wird die Extensible Markup Language XML als wichtiger Integrationsfaktor für Netzwerk-Services sowie mobile IP-Telefonie via Wireless LAN eine Rolle spielen. Betrachtungen zum Thema Netzwerk-Sicherheit finden sich gegen Ende des Kapitels.

Technologische Vorteile der IP-Telefonie

Paket-Übertragungen

Wer ein Gespräch mit einem herkömmlichen Telefon führt, baut aus technischer Sicht eine Punkt-zu-Punkt-Verbindung auf – nämlich eine dauerhafte Verbindung zwischen den Gegenstellen beider Gesprächspartner. Bei Telefonaten über IP-basierte Datennetze verhält sich das völlig anders. Denn hier werden sämtliche Informationen – wie in Kapitel 1 bereits skizziert – nach dem gleichen Muster als digitale Datenpakete übertragen, egal ob es sich um E-Mails, Grafiken oder eben das Fragment eines Telefongesprächs handelt. Jeder in den Hörer gesprochene Satz wird also in kleine Datenpakete zerstückelt, mit IP-Adressen versehen; und nun sucht sich jedes dieser Pakete von Rechner zu Rechner beziehungsweise Router zu Router seinen Weg durch das Netzwerk zum Empfänger.

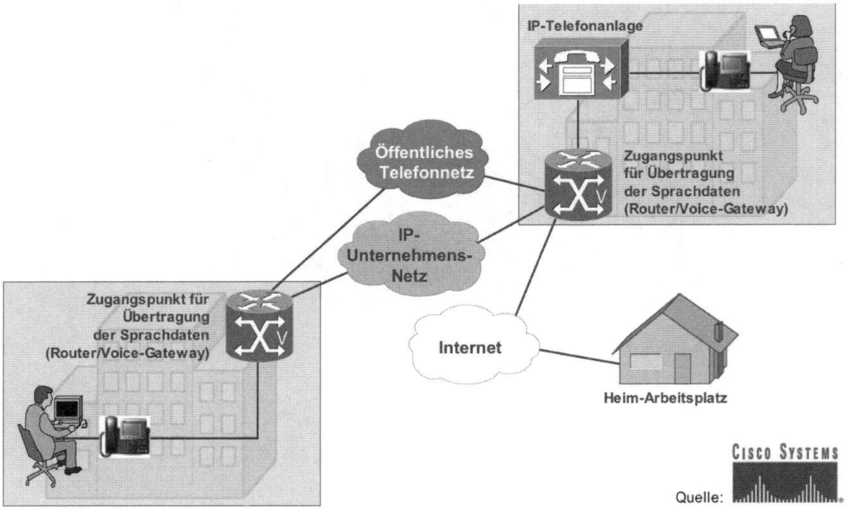

Telefonieren über das Datennetz geschieht ohne feste Punkt-zu-Punkt-Verbindung.

Im Unterschied zu leitungsvermittelten Telefonnetzen besteht also keine feste Punkt-zu-Punkt-Verbindung zwischen den Gesprächs-Teilnehmern. Sollten einzelne Netzwerk-Leitungen überlastet oder zeitweilig unpassierbar sein, nimmt das betreffende Paket einfach einen Umweg über eine andere Leitung im Netz. Sobald die einzelnen Datenfragmente nacheinander beim Empfänger eingetroffen sind, wird der Paketstrom zunächst auf Vollständigkeit und Unversehrtheit überprüft. Aus den einzelnen Paketen wird nun automatisch die ursprüngliche Information zusammengesetzt, zum Beispiel der vorhin gesprochene Satz.

Zusammenfassend halten wir fest: IP-Pakete können sowohl Sprachinformationen als auch jede andere Art digitaler Daten enthalten; und sie können grundsätzlich über verschiedene Medien transportiert werden.

Arbeit im Team: TCP/IP

Aufgabe von IP ist es nun, die Aufteilung der Daten in Pakete und deren Übertragung zu regeln. Da es bei Übertragungen immer auch zu Fehlern kommen kann – es könnten zum Beispiel einzelne Pakete unterwegs verloren gehen – arbeitet IP mit dem Transmission Control Protocol (TCP) zusammen. Anders als IP hat TCP nicht nur einzelne Datenpakete im Visier, sondern den gesamten Datenstrom, der eine zusammenhängende Information repräsentiert. Nur so lässt sich sicherstellen, dass Pakete tatsächlich korrekt und vollständig übertragen werden.

Denn es passiert regelmässig, dass einzelne Datenpakete verloren gehen oder unterwegs verfälscht werden. Ursache solcher Fehler können zum Beispiel so genannte Störgeräusche in der Datenleitung sein. In einem solchen Fall wird das defekte oder vermisste Paket einfach erneut angefordert. Diese Fehlertoleranz von TCP hat insbesondere bei umfangreichen Daten-Volumina den entscheidenden Vorzug, dass im Störungsfall nicht der komplette Datenstrom noch einmal übertragen werden muss, sondern nur die betroffenen Pakete. Damit dient die Protokoll-Kombination TCP/IP der Entlastung der Datenwege und sichert eine effektive und schnelle Übertragung auch bei sehr grossem Datenaufkommen.

Die Funktionsweise einer Adressierung veranschaulicht folgender Vergleich mit einem Brief, der auf seinem Weg zum Empfänger viele Stationen durchläuft: Vom Briefkasten ausgehend gelangt er über etliche Sortier- und Verteil-Stationen zum Empfänger. Möglich ist das dank genormter Adressen-Angaben, die sich aus Namen, Strasse, Hausnummer und Ort zusammensetzt. Ganz ähnlich ist eine IP-Adresse strukturiert, so dass IP im Zusammenspiel mit TCP gewissermaßen die Rolle von Sortierern, Verteilern und Postzustellern im digitalen Netzwerk übernehmen.

Das Schichten-Referenzmodell

Die *International Standards Organisation* (ISO) legte bereits 1979 eine Modellarchitektur für den Datenaustausch zwischen Netzwerken vor. Unter dem

Namen *Open Systems Interconnection*, kurz OSI, wurde ein hierarchisch gegliedertes Referenzmodell entworfen, das verbindliche Regeln für die interne und externe Netzwerk-Kommunikation zur Verfügung stellt. OSI wird mittlerweile als Basisreferenz von allen großen Herstellern weltweit anerkannt.

Damit Computer uneingeschränkt miteinander kommunizieren können, muss der Datenaustausch unabhängig von Hardware-Plattform und vom Betriebssystem sein. Dafür zu sorgen ist die Kernaufgabe des OSI-Referenzmodells.

Zur Gliederung der diversen Aufgaben eines Netzwerks hat die ISO sieben Schichten – englisch: *Layer* – beschrieben: Jede dieser Schichten kommuniziert auf streng definierte Weise mit dem hierarchisch über- und untergeordneten Layer. Auch der Informationsaustausch zwischen den Schichten ist durch OSI exakt festgelegt.

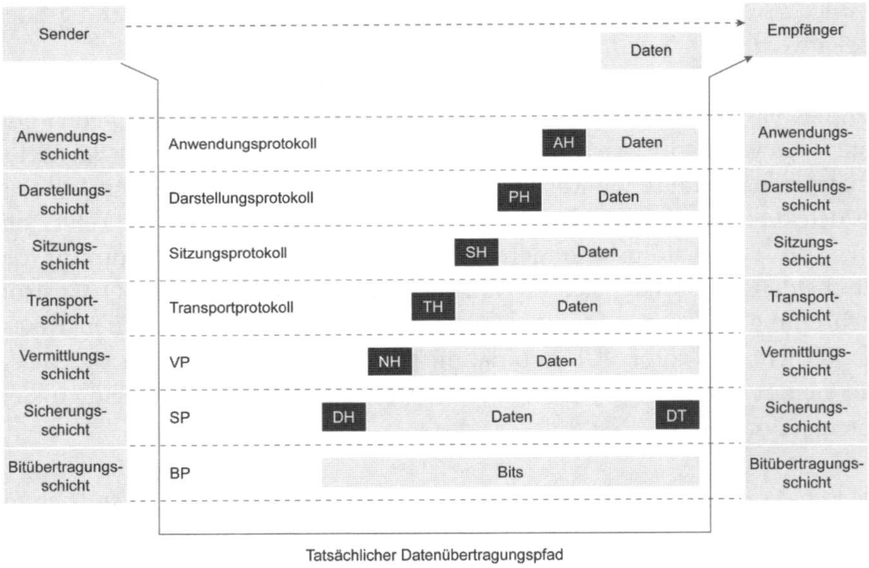

Das OSI-Schichtenmodell.

Schicht 7 – Anwendung / Verarbeitung

Die Verarbeitungs-Schicht oder *Application Layer* ist die hierarchisch höchste der sieben Schichten. Sie stellt Computer-Anwendungen unterschiedlichste Funktionen direkt zur Verfügung, zum Beispiel für Daten-Übertragungen oder E-Mail.

Schicht 6 –Darstellung

Die Darstellungs-Schicht, auch *Presentation Layer* genannt, setzt die systemabhängige Darstellung der Daten (zum Beispiel ASCII, EBCDIC) in eine systemunabhängige Präsentationsform um. Damit wird der verlustlose Datenaustausch zwischen unterschiedlichen Betriebssystem- und Hardware-Plattformen möglich. Auch Funktionen wie Datenkompression oder Verschlüsselung sind dieser Schicht zugeordnet.

Schicht 5 – Kommunikation

Um Verbindungsprobleme effektiv beheben zu können, stellt die Kommunikations-Schicht Dienste für einen organisierten und synchronisierten Datenaustausch bereit. Sie heißt daher im Englischen *Session Layer*. Wiedereinstiegs-Punkte, so genannte Token, sorgen dann für eine schnelle Neusynchronisation, sollte es zu Störungen der Transportverbindung kommen.

Schicht 4 – Transport

Zu den Aufgaben der Transport-Schicht zählt die Segmentierung von Datenpaketen und die Stauvermeidung im Netzwerk. Schicht Nummer 4 ist die unterste Schicht, die eine vollständige Ende-zu-Ende-Kommunikation zwischen Sender und Empfänger bereitstellt. Die darüber liegenden Schichten 5 bis 7 nutzen die Dienste der Transport-Schicht und brauchen sich daher selbst nicht mehr um die konkrete Beschaffenheit des jeweils genutzten Netzwerks zu kümmern.

Schicht 3 – Vermittlung

Die Vermittlungs-Schicht sorgt bei verbindungsorientierten Diensten für das Schalten von Verbindungen und bei paketorientierten Diensten für die Weitergabe von Datenpaketen. In beiden Fällen erstreckt sich die Informations-Übertragung über das gesamte Kommunikations-Netz hinweg und schließt die Wegesuche (das so genannte Routing) von Netzknoten zu Netzknoten ein. Auch die Pflege der dafür erforderlichen Routing-Tabellen und die Flusskontrolle obliegt der Schicht 3. Kommunikationsnetze setzen sich meist aus mehreren Teilnetzen mit jeweils unterschiedlichen Technologien zusammen. Umsetzungs-Funktionen an den Nahtstellen dieser Teilnetze sind ebenfalls in der Vermittlungs-Schicht angesiedelt.

Schicht 2 – Sicherung

Schicht 2 wird oft auch als *Data Link Layer* oder Verbindungs-Ebene bezeichnet; sie soll eine sichere, das heißt weitgehend fehlerfreie Übertragung gewährleisten und den Zugriff auf das jeweilige Übertragungsmedium regeln. Dafür unterteilt Schicht 2 beispielsweise den Bit-Datenstrom in solche Blöcke, denen sie Folgenummern und Prüfsummen hinzufügt. Solche Blöcke nennt man auch Frames oder Rahmen. Dank der erwähnten Flusskontrolle können Empfänger von Daten dynamisch steuern, mit welcher Geschwindigkeit die Gegenseite Blöcke senden darf.

Schicht 1 – Bit-Übertragung

Die Schicht zur Bit-Übertragung bildet die unterste Ebene des OSI-Schichtenmodells. Hier kommen die physikalischen Eigenschaften der Kommunikation zu ihrem Recht. Das können zum Beispiel elektrische oder optische Signale (Lichtleiter, Laser), elektromagnetische Wellen (drahtlose Netzwerke) oder auch Schall sein. Für jedes verwendbare physische Medium stellt Schicht 1 eine Bit-Codierung bereit, welche zum Beispiel für Kupferkabel die Werte 0 und 1 in entsprechende elektrische Impulse übersetzt.

OSI und TCP/IP im Vergleich

Netzwerk-Protokolle, die nach dem OSI-Referenzmodell entwickelt worden sind, haben mit TCP/IP eines gemeinsam: In beiden Fällen handelt es sich um hierarchische Modelle. Es gibt allerdings wesentliche konzeptionelle Unterschiede: OSI legt die Dienste genau fest, welche jede Schicht der nächst höheren zu erbringen hat. Bei TCP/IP dagegen sind die Funktionen der Schichten und Dienste nicht so streng reglementiert. Beispielsweise ist es hier erlaubt, dass auch unter Auslassung von Zwischenschichten auf Dienste zugegriffen werden kann. Durch diese Flexibilität arbeitet TCP/IP erheblich effizienter als OSI. Wie sich beide Schichtenmodelle aufeinander beziehen, verdeutlicht die folgende Tabelle:

OSI-Schicht	Bezeichnung	Einordnung	Protokoll-beispiel	TCP/IP-Schicht	Einordnung	Protokoll-beispiel
7 Verarbeitung	Application	Anwendungs-	FTAM	Anwendung	Ende zu	HTTP
6 Darstellung	Presentation	orientiert			Ende	FTP
5 Kommunikation	Session		ISO 8326		(Multihop)	HTTPS
4 Transport	Transport	Transport-orientiert	ISO 8072	Host to Host		TCP UDP ICMP IGMP
3 Vermittlung	Network		CLNP	Internet	Punkt zu	IP
2 Sicherung	Data Link		HDLC	Netzwerk	Punkt	Ethernet
1 Bit-Übertragung	Physical		X.21			Token Ring FDDI ARCNET

OSI und TCP/IP.

Das OSI-Modell wird oft herangezogen, wenn es um das Design von Netzwerk-Protokollen geht und dient dem besseren Verständnis ihrer jeweiligen Funktion. Auf der Basis dieses Modells sind auch Netzwerk-Protokolle entwickelt worden, die jedoch fast nur in der öffentlichen Kommunikations-Technik verwendet werden – also von großen Netzbetreibern wie der Deutschen Telekom. In der Geschäftswelt wird hauptsächlich die TCP/IP-Protokollfamilie eingesetzt, welche speziell auf den Zusammenschluss von Netzwerken (Internetworking) zugeschnitten ist.

Router

Zwischen zwei Rechnern im Internet existieren heute fast unendlich viele mögliche Verbindungspfade, über die ein Datenpaket von einem Netzknoten zum anderen transportiert werden könnte. Die jeweils kürzeste Strecke, um den optimalen Weg von Absender zum Empfänger zu errechnen: Das ist die wichtigste Aufgabe der Router. Die oft gebrauchte Analogie zwischen einer Straßenkarte und einem Kommunikations-Netzwerk veranschaulicht sehr gut eine gewisse Problematik, die sich aus dem Transport-Mechanismus in IP-basierten Netzen für Telefonie und auch alle anderen Formen von Echtzeit-Kommunikation ergibt: Im Internet «fahren» manche Datenpakte mit Hochgeschwindigkeit auf einer Autobahn, andere aber im Schritttempo auf einem Feldweg. Wie kommt dieser Effekt zustande? Folgendermaßen: Auf dem Weg vom Absender zum Empfänger passiert ein Datenpaket zahlreiche Router. Hier wird zum Beispiel die Zieladresse ausgelesen, damit der Router prüfen kann, wohin die Reise gehen soll. Ist das Paket nicht für den eigenen Einzugsbereich bestimmt, wird es zum nächst liegenden Router weitergeleitet, also «geroutet», wie man sagt. Die Problematik für die IP-Telefonie ergibt sich nun daraus, dass niemand voraussagen kann, welchen Weg ein konkretes Datenpaket durch den Netzwerk-Dschungel einschlagen wird. Andererseits können übertragene Datenpakete erst dann wieder zur ursprünglichen Information zusammengesetzt werden, wenn auch das letzte Paket beim Empfänger eingetroffen ist. Wie sich Datenpakete dennoch synchronisieren und dadurch zum Transport von Telefongesprächen nutzen lassen, erfahren wir später in diesem Kapitel.

Der Integrated Service Router ist für Voice over IP unerlässlich.

TTL-Werte

Was aber, wenn ein Sprachpaket an einen nicht existenten Empfänger gesendet wird? Würde die Weiterleitung von Router zu Router dann nicht ewig währen?

Und: Wie kommt es, dass Leitungen und Router im Internet noch nicht von umherirrenden Datenpaketen heillos verstopft sind? Die Lösung liegt darin, dass jedes Datenpaket nur eine begrenzte Lebenszeit hat: Ist der «Time to Life»-Wert (TTL) überschritten, wird das Paket vom nächsten angelaufenen Router einfach gelöscht.

Bandbreite

Der Begriff «Bandbreite» meint zunächst die Übertragungs-Geschwindigkeit, gemessen in Byte pro Sekunde. Weil eben diese Größe «Bandbreite» für Voice over IP von so entscheidender Bedeutung ist, wollen wir an dieser Stelle kurz auf die damit verbundenen Übertragungs-Verfahren eingehen.

Das *Basisband-Verfahren* (englisch: *Baseband*) ist das mit Abstand meist verwendete Verfahren zur Informationen-Übertragung im Netzwerk. Charakteristisches Merkmal ist hier die Übertragung von exakt einem Informations-Signal pro Taktzyklus: Beispielsweise wird in einer Sekunde genau ein Bit übertragen, die Frequenz beträgt in diesem Fall also genau 1 Hertz, die Bandbreite oder Daten-Transferrate also 1 Bit pro Sekunde (bps). Typische Bandbreiten bei Basisband-Übertragungen spiegeln sich in den verbreiteten Ethernet-Standards wider, mit denen man in der Netzwerk-Literatur immer wieder konfrontiert wird:

- ***10Base2:** 10 Megabit pro Sekunde*
  Basisband für Ethernet bei veralteter Koaxial-Verkabelung

- ***10Base5:** 10 Megabit pro Sekunde*
  Basisband für Ethernet bei veralteter «dicker» Koaxial-Verkabelung, das so genannte Yellow Cable

- ***10BaseT:** 10 Megabit pro Sekunde*
  Basisband für Ethernet; Twisted-Pair-Verkabelung

- ***100BaseT:** 100 Megabit pro Sekunde*
  Basisband für Fast Ethernet bei UTP-Verkabelung, in heutigen Netzwerken sehr verbreitet

Effizienter, aus praktischern Erwägungen heraus aber wesentlich seltener verwendet, ist die *Breitband-Übertragung*, englisch *Broadband*: Durch gleichzeitige Verwendung mehrerer Frequenz-Bänder können unterschiedliche Signale parallel übertragen und dabei sauber voneinander getrennt werden. Beim Fernsehen werden beispielsweise mehrere Programme über dasselbe Kabel transferiert. Der Zuschauer wählt das gewünschte Programm, indem er das zugehörige Frequenz-Band, den Kanal, einschaltet. Auch das ISDN basiert auf Breitband-Technologien; hier werden parallel zur Sprache zum Beispiel Steuerdaten übertragen.

XML – Extensible Markup Language

Nun kommen wir auf einen Standard zu sprechen, der auf den ersten Blick scheinbar wenig mit Netzwerken zu tun zu haben scheint: XML, die *Extensible Markup Language*. Spätestens seit Ende der neunziger Jahre erobert XML die Software-Branche und hat die Geschäfts-Kommunikation seither in kaum zu überschätzender Weise verändert. XML gilt als *der* Integrator heterogener Business-Systeme und deshalb als wichtigster Treiber des E-Business.

Genau besehen handelt es sich bei XML um eine so genannte Meta-Sprache, einen Formalismus zur Beschreibung, wie genau Daten kodiert werden sollen. Äußerlich ähnelt XML der für die Darstellung von Webseiten bekannten Hypertext Markup Language HTML; im Unterschied zu HTML vermag XML aber nicht nur die Daten selbst zu kodieren, sondern chiffriert zugleich, was mit den kodierten Daten unter welchen Bedingungen geschehen soll. Beispielsweise lässt sich HTML mit XML syntaktisch sauber formalisieren. XML ist heute nicht nur die kostengünstige Alternative zu aufwendig programmierten Schnittstellen, wenn es um die Integration ursprünglich inkompatibler Business-Software geht (etwa Großrechner-Warenwirtschaft auf der einen Seite und Web-basierte PC-Bestellsysteme auf der anderen).

XML ist auch das Mittel der Wahl, um Services, die alle aus einer einzigen Datenquelle gespeist werden, überaus kosteneffizient für eine Vielzahl von Endgeräten bereitzustellen. Ein Ticket-Service im Web zum Beispiel lässt sich mit XML problemlos auf Handy-Displays oder Pocket PCs übertragen. Und genauso auf das Display eines IP-Telefons – womit sich der Kreis zu unserem Thema schließt: IP-Telefone, die ja auf derselben Infrastruktur aufsetzen wie Computer im Unternehmen, werden dank XML zu universell verwendbaren Endgeräten. Demnach konvergieren nicht nur Netzwerke, sondern auch die Services, die über konvergente Infrastrukturen betrieben werden. Auch dafür erweist sich XML als ein Treiber mit enormer Schubkraft.

XML als Türöffner für Third-Party-Unternehmen

Cisco System hat die Integrationskraft von XML frühzeitig erkannt; heute zählt der Standard zu den Kern-Elementen der Lösung rund um die Cisco IP-Kommunikation. Davon wird in Kapitel 4 noch die Rede sein. Die meisten IP-Telefone von Cisco unterstützen XML zur Darstellung und Steuerung am Endgerät.

Die Verwendung von XML öffnet die Netzwerk-Plattformen von Cisco zudem für andere Anbieter, die je nach Spezialkompetenz auf dieser Basis eigene Dienste entwickeln können. So offeriert die Netwise AG (ehemals Telesnap AG: Die Telesnap AG wurde zum 01.10.2005 von der Netwise AB mit Sitz in Schweden übernommen) zum Beispiel Tools zur Steigerung der Mitarbeiter-Produktivität sowie zur Optimierung des Presence Management. Snapware – das Kernprodukt im Lösungs-Portfolio von Telesnap – dient der vereinfachten Steuerung der persönlichen Erreichbarkeit und verbessert damit viele Geschäftsprozesse. Der Zugriff auf die Informations-Ressourcen im Unternehmen erfolgt dabei vollkommen unabhängig von einem bestimmten Endgerät. Per XML bietet Snapware beispielsweise für Cisco IP-Telefone zusätzliche Leistungsmerkmale. Im Zusammenspiel mit Voice over IP erschließt XML der Firma Netwise zum einen neue Geschäftsfelder; zum anderen macht das Unternehmen deutlich, dass sich die technologische Plattform – hier der Cisco CallManager – flexibel um neue Dienste erweitern lässt, die für Kunden einen echten Mehrwert schaffen. Auch dies unterscheidet moderne IP-Telefonie von der überkommenen Telefontechnik vergangener Tage.

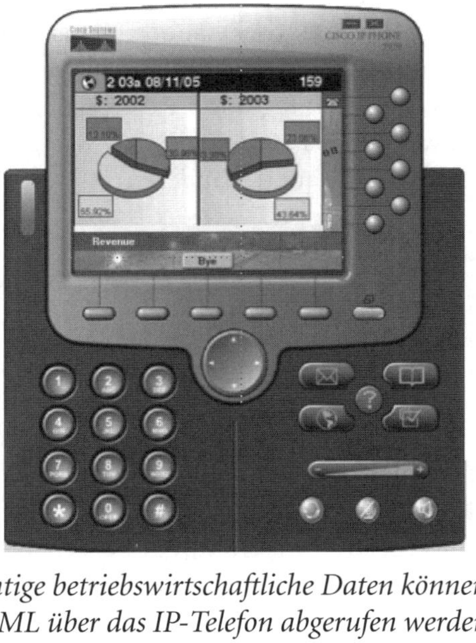

Wichtige betriebswirtschaftliche Daten können via XML über das IP-Telefon abgerufen werden.

Viele Ideen von Dritt-Entwicklern werden unmittelbar in Kundenprojekten geboren – so gesehen öffnet XML auch eine Tür für die aktuellen Bedürfnisse der Kunden: Der Standard lässt die IP-Telefonie und die Markt-Erfordernisse näher zusammenrücken. Als Beispiel dafür sei die Lösung der Olchinger Firma Net Stemmer für einen «interaktiven Eingangsbereich» genannt: Hierbei wählt ein

Besucher an der IP-basierten Gegensprech-Anlage am Gebäude-Eingang den gewünschten Mitarbeiter-Namen aus – und das System baut automatisch eine entsprechende Telefonverbindung auf. Auch wenn der Mitarbeiter gerade nicht am Platz ist, kann er die Türschließ-Anlage mit seinen mobilen Cisco IP-Telefon, das ihm per XML den Namen des Besuchers auf dem Display anzeigt, öffnen.

Offenheit ist, was wirklich zählt

Das Rechenzentrum der Finanzverwaltung in Nordrhein-Westfalen (welche uns im nächsten Kapitel wieder begegnen wird) nutzt ebenfalls die Vorteile von XML. Das Gesamtsystem wird für 30.000 Teilnehmer ausgebaut. Voraussetzung dafür war, dass Cisco Systems sämtliche Schnittstellen zum CallManager offen gelegt und den Standard XML in IP-Telefone bereits eingebaut hat. Via XML stellt das nordrhein-westfälische Rechenzentrum beispielsweise ein unternehmensweites Telefonbuch über alle 30.000 Mitarbeiter, aber auch Staumeldungen, Newsticker, Wetterinformationen oder Währungskurse auf den Displays der IP-Telefone zur Verfügung. Wie die Grundkonfiguration der Telefone können auch die die gewünschten Services einfach per Webbrowser eingestellt werden.

IP-Telefonie wird die Integration von telefonischer Kommunikation und DV-Anwendungen weiter vorantreiben. Erste Schritte in diese Richtung sind das Wählen per Mausklick unter Outlook. Oder die Zuständigkeits-Auskunft: Anhand von Plänen zur Geschäfts-Verteilung kann in Nordrhein-Westfalen landesweit nach einzelnen Telekontakten von Mitarbeitern gesucht werden.

Mobility – drahtlose IP-Telefonie im WLAN

Zurück zur Netzwerk-Technologie im engeren Sinne: Immer mehr Unternehmen erweitern ihre kabelgebundenen Infrastrukturen durch drahtlose Netzkomponenten: Ein WLAN (Wireless Local Area Network) verbindet die Mitarbeiter mit dem Datennetz – überall, also auch dort, wohin kein Kabel reicht. Zudem: Mobilität bringt in vielen Branchen genau den Produktivitäts-Zuwachs, den der Wettbewerb heute erfordert.

IP-basierte WLANs bieten ihrer Natur nach eine ideale Plattform für mobile IP-Telefonie. Wir erinnern uns: Gemäß OSI-Referenzmodell ist der Sprachtransport per IP vom konkreten Übertragungsmedium unabhängig: Bei der Beschreibung der Schicht zur Bit-Übertragung von OSI hätten wir statt des erwähnten Kupferkabels analog auf eine Funkwelle gemäß IEEE-Standard 802.11 als Beispiel zurückgreifen können. Tatsächlich ist eben diese Verfügbarkeit von mobiler IP-Telefonie für viele Unternehmen eine starke Motivation zum Einstieg in konvergente Netzwerk-Technologie. Beispielsweise bietet Cisco mobile IP-Telefone, die zudem noch XML-fähig sind. Wir werden die weit reichenden Perspektiven von WLAN in Kapitel 6 noch näher beleuchten. An dieser Stelle beschäftigt uns zunächst ein anderer Aspekt, nämlich die Frage, wie sich hunderte oder auch tausende Funk-Basisstationen samt aller durch sie versorgten Endgeräte möglichst kosteneffizient implementieren und verwalten lassen.

Drahtlose Netzwerk-Segmente müssen sich dafür nahtlos an die fest verkabelte Infrastruktur anschließen und auf einer durchgehenden Administrations-Philosophie fußen. Im Einzelnen geht es hier um effektives Management der Access Points plus zugehörige Security Server und der mobilen Endgeräte.

Die meisten drahtlosen Netzwerke basieren heute auf dem Industriestandard IEEE 802.11b. Darum gruppieren sich zahllose weitere Standards, wie beispielsweise der Sicherheits-Standard 802.11i oder 802.11e, der Quality of Service auch im Äther ermöglicht. Die rasante Entwicklung der Standardfamilie 802.11 zeigt deren Flexibilität und hat auf dem Hardware-Markt bereits Spuren hinterlassen. So erweiterte Cisco die Access Points der Serien 1100 und 1200 um den Standard 802.11g, wodurch die bisherigen Bandbreiten-Limits von 11 Megabit pro Sekunde um ein Vielfaches überschritten wurden. Mit 802.11g lassen sich Übertragungs-Geschwindigkeiten von bis zu 54 Megabit in der Sekunde erzielen. Wichtig für den Investitionsschutz: 802.11g-fähige Geräte von Cisco sind zu 802.11b-Clients auch von anderen Herstellern uneingeschränkt kompatibel. Die Stromversorgung der Access Points kann sowohl über ein externes Netzteil als auch über Ethernet *(PoE / Power over Ethernet)* erfolgen. Eine zusätzliche Stromverkabelung ist damit nicht notwendig.

Das «IP-Telefon 7920» von Cisco funktioniert drahtlos.

Zentrale Verwaltung

Herzstück eines Structured Wireless Aware Network (SWAN) von Cisco ist die Wireless LAN Solution Engine (WLSE). Das System bietet ein zentrales und einheitliches Management für drahtlose Netzwerk-Segmente, einschließlich zentraler Software- und Konfigurationen-Verwaltung. Mit WLSE lassen sich bis zu 2.500 Access Points gleichzeitig administrieren. Gemeinsam mit dem Cisco Radius Server lässt sich die WLAN-Authentifizierung in Windows-Active-Directory- und LDAP-Datenbanken einbinden und die komplette Infrastruktur zur besseren Übersicht grafisch darstellen.

Wirkungsvolle Instrumente zur gemeinsamen Administration drahtloser und kabelgebundener Netzwerk-Komponenten sind das entscheidende Mittel zur Kontrolle der Gesamt-Systemkosten. Wie eine Studie der Meta Group 2003 offen legte, entfallen (bei Betrachtung des vollständigen Lebenszyklus einer Infrastruktur) nur etwa 15 Prozent der Gesamtkosten auf die Anschaffungs-Investitionen; 85 Prozent hingegen auf den laufenden Betrieb.

Sicherheit

Da IP-Telefonie auf derselben Infrastruktur betrieben wird wie die Datenkommunikation, bieten Sprachpakete im Prinzip die gleichen Angriffspunkte wie jedes «normale» IP-Paket auch. Letzte Sicherheit vor äußeren Angriffen brächten nur hermetisch abgeschlossene Netzwerke – in Zeiten von E-Business und unternehmensübergreifender Prozess-Integration eine nahezu skurril anmutende Vorstellung. Überdies schützt Abschottung nicht vor Sabotage von innen. Die Praxis zeigt: Viele Akte gegen das Unternehmens-Netzwerk erfolgen von «innen». Das Fazit kann also nur lauten: Das Netzwerk muss auf allen Ebenen abgesichert werden. Denn Sicherheit für Gespräche kann es nur in sicheren Netzwerken geben.

Vorkehrungen am Netzwerk-Rand – an den so genannten Firewalls – allein bieten heute keinen ausreichenden Schutz mehr. Zumal zu scharfe Sicherheits-Einstellungen von Firewalls nicht nur Angreifer, sondern auch Zugriffe von

Kunden oder Partnern zurückweisen könnten. In Zeiten, in denen es kriminelle Hacker immer öfter auf die Funktionsfähigkeit der kompletten Service-Infrastruktur abgesehen haben, muss das zugrunde liegende Netzwerk in der Lage sein, von sich aus jeden Eindringling zu stoppen. Da aber das Internet-Protokoll IP von Hause aus keine spezifischen Schutzmechanismen für übertragene Datenpakete bereitstellt, müssen die Sicherheits-Features explizit ins Netzwerk eingebaut werden: und zwar in alle seine Komponenten, in Router und Switches und sogar in jeden einzelnen Port. Nur wenn sich die «Verteidigungs-Intelligenz» breit im Netzwerk verteilt, kann sich die Infrastruktur präventiv gegen Cyberattacken wehren. Dann können beispielsweise die so genannten Core Switches – die Schaltzentralen im Hochgeschwindigkeits-Rückgrat großer Netzwerke – schon auf Port-Ebene die massenhaft anflutenden Internetadressen stoppen, mit denen Hacker immer öfter versuchen, die Netzwerke von Unternehmen zu überlasten und damit letztlich lahm zu legen.

Ist ein Netzwerk auf allen Ebenen abgesichert, ist die IP-Telefonie ebenfalls sicher.

Häufig dient kriminellen Eindringlingen auch der Mechanismus zur dynamischen Vergabe von IP-Adressen für neue Netzgeräte und Nutzer als Ansatzpunkt, um sich Zugang zum Netzwerk zu verschaffen. Bei einer solchen «Man in the Middle»-Attacke versucht der Angreifer, die Adress-Anforderungen von Nutzern oder Netzgeräten mit gefälschten Informationen zu beantworten. Dieser beißt aber auf Granit, sobald intelligente Switches fähig sind, die Verarbeitung der dynamischen Adress-Informationen nur speziell präparierten Ports zuzuteilen. Ein Phänomen wird hierbei sichtbar: Es sind im Kern dieselben IP-Technologien, die durch Konvergenz der Kommunikations-Welten neue Geschäftsmodelle ermöglichen und damit beständig neue Sicherheits-Anforderungen produzieren, die aber andererseits auch das Instrumentarium für intelligente Netzwerke bereitstellen, um diese Herausforderungen langfristig zu meistern.

Als Konsequenz aus solchen Überlegungen spricht die Fachwelt vom «Self-Defending Network» – einer Infrastruktur, die sich nicht nur gegen bekannte Gefahren zur Wehr setzt, sondern auch flexibel genug ist, sich selbstständig neuen Bedrohungen anzupassen. Hier zunächst eine Übersicht über die wichtigsten Abwehrmechanismen:

- *Firewalls*
  Wie Brandmauern schützen sie Unternehmensnetze an der Nahtstelle zum Internet oder anderen öffentlich zugänglichen Netzwerken. Für Voice over IP stehen zusätzlich spezielle Firewall-Mechanismen zur Verfügung.

- *Verschlüsselung*
  Die Kryptographie bietet leistungsfähige Chiffrier-Verfahren, mit denen sich auch Sprachdaten verschlüsselt übertragen lassen. Ein Beispiel, das in der Praxis eine große Rolle spielt, ist IPSec (IP Security).

- *Intrusion Detection Systems* (IDS)
  IDS schützt in erster Linie nicht einzelne Kommunikationsflüsse, sondern zielt auf die Sicherheit des Netzwerks insgesamt: Eindringlinge werden zum Beispiel anhand ungewöhnlicher Verkehrsmuster erkannt und gestoppt.

- *Autorisierung*
  Für den Zugriff auf Netzwerke, aber auch auf einzelne Komponenten davon werden Nutzer identifiziert – durch Passwörter oder digitale Zertifikate.

Schutz gegen Kosten-Missbrauch und Vertraulichkeits-Verlust bei geschäftskritischen Telefonaten sowie zeitweiliger Kommunikations-Ausfall infolge so genannter Denial of Service-Attacken (DoS) bieten Service Provider für ihre Infrastrukturen heute unter anderem durch ein zentralisiertes Virtual Private Network (VPN). Auf dieser Grundlage lassen sich auch abgeschirmte virtuelle Sprachnetze betreiben. Anstelle virtueller Verbindungen auf der zweiten Ebene des OSI-Referenzmodells bauen IP-basierte VPNs (IP VPNs) so genannte Tunnel-Verbindungen auf. Zusätzliche Schutzmechanismen lassen sich weiter oben im OSI-Modell ansiedeln: auf Schicht 4 zum Beispiel SSL (Secure Sockets Layer). Als Secure VPN wird ein Netz bezeichnet, wenn Daten innerhalb eines Tunnels ausschließlich verschlüsselt zwischen den Endstellen übertragen werden. (Cisco setzt für diesen Zweck zum Beispiel IPSec ein.) Selbst wenn es

Bald wird man im Büro weniger technische Geräte haben. Dafür mehr Möglichkeiten. Und mehr Zeit.

In der Business-Kommunikation beginnt ein neues Zeitalter: Sprach- und Datenkommunikation verschmelzen, es wird weniger Geräte und weniger Kabel geben. Business-Kommunikation wird leistungsfähiger, vielseitiger und wirtschaftlicher, gleichzeitig aber auch viel einfacher. Damit Sie mehr Raum und Zeit für das Wichtige haben. Welche Schweizer Unternehmen bereits von den Vereinfachungen und Möglichkeiten der neuen Business-Kommunikation profitieren, zeigen wir Ihnen gerne.

Rufen Sie uns an unter 0800 724 724.
Oder besuchen Sie uns auf www.swisscom.com/solutions

swisscom
solutions

einem Angreifer gelänge, Datenpakete abzuhören – er könnte nichts damit anfangen, weil sich der Klartext nicht entschlüsseln lässt.

Sicherheit im ganzen Netz verteilt

Mit Schutzmaßnahmen an der Nahtstelle zum öffentlichen Internet begnügen sich Infrastrukturen von Service Providern heute also nicht mehr: Die Verteidigungsstrategie erstreckt sich auf alle aktiven Netzkomponenten. Die Infrastruktur begegnet der Einbruchsgefahr nicht nur reaktiv, sondern proaktiv. Dafür reichen auch fortschrittliche Intrusion Detection Systeme allein nicht aus; denn sie können zerstörerische Datei-Anhänge in der Regel nur dann erkennen, wenn deren Verhaltenmuster bereits bekannt, der Schadensfall also mindestens schon einmal eingetreten ist. In der Praxis ist es übrigens äußerst schwierig, beim so genannten «Pattern Matching» eine akzeptable Balance zwischen Sicherheit und Aufwand zu finden: Oft sind die Einstellungen entweder zu lax und bieten folglich nicht genügend Schutz. Oder sie sind zu restriktiv; was häufig Fehlalarm auslöst und damit die Management-Kosten erhöht und die Netzleistung herabsetzt.

Darum werden in Cisco Self-Defending Networks die Intrusion Detection Systeme durch einen Intrusion Prevention-Ansatz komplettiert: Erkannte Probleme werden nicht nur gemeldet und protokolliert, sondern zugleich sofort aktiv bekämpft. Die Mechanismen dafür sind auf Routern und Switches überall im Netzwerk verteilt. So kann im Prinzip jedes ein- oder ausgehende Sprach- oder Daten-Paket auf seinem ganzen Weg durchs Netz permanent überwacht und inspiziert werden. Die Analyse der zugehörigen Log-Informationen offenbart komplexere Verhaltens-Zusammenhänge als einmalige Passkontrollen an den Grenz-Übergängen zum Internet. Unverdächtige Pakete können anstandslos weitergeleitet werden. Erscheint der Datenverkehr jedoch obskur, lässt sich zum Beispiel die Bandbreite für den zugehörigen Paketstrom limitieren – was DoS-Angriffe stoppt. Ebenso können ausgewählte Datenpakete gezielt verworfen werden. Intelligent an dieser Strategie: Das Netz lernt durch Abwehr beständig neue Gefahrenmuster hinzu.

Ein Netz für alle Protokolle

Solche und andere intelligente Features verdankt das Netz dem Softswitch-Gedanken von MPLS (Multi-Protocol Label Switching), der Basistechnologie für so genannte Next Generation Networks. Ein Softswitch trennt Dienste und Übertragungs-Technik voneinander; das zentralisierte Strukturmodell konventioneller TDM-Vermittlungsstellen (*TDM = Time Division Multiplex*, ein Multiplexverfahren) wird hierbei in seine wesentlichen Bestandteile aufgebrochen: Call Handler, Schnittstellen-Karten und Koppelfeld. Dem entspricht im Multiprotokoll-Netz: Media Gateway Controller, Media Gateways sowie Signalling Gateways. Zusammen bilden sie ein verteiltes Vermittlungssystem. Der Begriff Softswitch bezieht sich auf die Software, welche die verteilte Steuerung der einzelnen Komponenten ermöglicht und die Verbindungs-Steuerung übernimmt. Zu den wichtigsten unterstützten Protokollen zählen das im vorigen Kapitel behandelte Session Initiation Protocol (SIP), H.323, MEGACO/H.248 (Media Gateway Controller) sowie BICC (Bearer Independent Call Control). Wie man sieht: ein bunter Protokoll-Reigen aus alter und neuer Telekommunikations-Welt, aus denen sich verschiedenste Optionen zur sanften Migration im Cisco NGN (Next Generation Network) ergeben.

In einem MPLS-Netz werden Datenpakete nicht nur über ihre IP-Adresse, sondern anhand so genannter Labels transportiert. An solche Labels (etwa an diejenigen für Sprachpakete) lassen sich zudem Transport-Prioritäten heften. Anders ausgedrückt: Telefonie-Anwendungen können immer mit festen Bandbreiten rechnen, weil Sprachpakete immer Vorfahrt haben – egal wie viele Anwendungen und Datenströme in einem gegebenen Augenblick gerade um die verfügbare Netzkapazität konkurrieren. Übrigens lassen sich die MLSP-Labels auch deutlich schneller auswerten als IP-Adressen, was wiederum der Netz-Performance zugute kommt. Labels dienen zudem als Basis, um kundenspezifische Service Level Agreements (SLA) differenziert an die korrespondierenden Datenströme binden zu können.

3 Die wirtschaftlichen Vorteile der IP-Telefonie

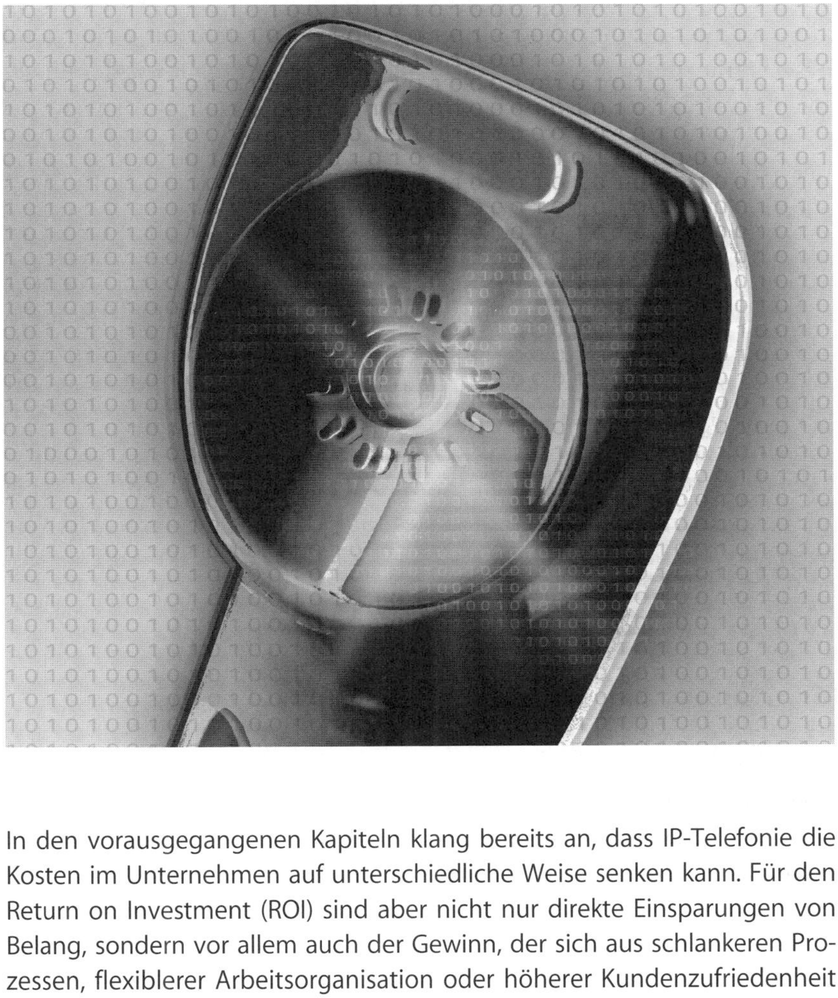

In den vorausgegangenen Kapiteln klang bereits an, dass IP-Telefonie die Kosten im Unternehmen auf unterschiedliche Weise senken kann. Für den Return on Investment (ROI) sind aber nicht nur direkte Einsparungen von Belang, sondern vor allem auch der Gewinn, der sich aus schlankeren Prozessen, flexiblerer Arbeitsorganisation oder höherer Kundenzufriedenheit ergibt. Vollständig wird das Bild erst dann, wenn auch die langfristige Kosten-Entwicklung für die gesamte Kommunikations-Infrastruktur mit einbezogen wird.

Das vorliegende Kapitel beleuchtet deshalb all diejenigen Faktoren näher, die für die Refinanzierung von IP-Telefonie-Projekten eine Schlüsselrolle spielen. TCO (Total Cost of Ownership) und ROI (Return on Investment) werden anhand ausgewählter Fallbeispiele aus der Praxis diskutiert. Es folgt eine systematische Darstellung der wichtigsten Effekte von Voice over IP.

Die wirtschaftlichen Vorteile der IP-Telefonie

Die Analysten von Forrester Research sagen Europa einen 50-prozentigen Anstieg der Nutzung von Voice over IP über die nächsten drei Jahre voraus. 2008 werde der gesamte Telefonverkehr innerhalb von Unternehmen weitgehend über IP-Netze transportiert. In Einklang damit stehen die Ergebnisse der jüngsten Branchenumfrage von Ernst & Young (Ernst & Young: European Telecoms Report 2004 «After the Gold Rush»). Die Studie fand heraus, dass fast die Hälfte der befragten Investoren und Banken Voice over IP als Wachstumsmotor für den Telekommunikations-Markt sehen.

Die Gartner Group hat 2005 sogar zum Jahr der IP-Telefonie erklärt. Unter der Überschrift «2005 – the Year of IP Telephony: «Get your Hands Dirty» legen die Marktbeobachter die Betonung auf die Tatsache, dass die Konvergenz von IT und Telekommunikation nicht nur das Management der Infrastruktur erheblich vereinfacht, sondern auch zahlreiche Unternehmensprozesse verbessert. Zudem sind konvergente IP-Netze auch eine Basis für neue Geschäftsmodelle und verbesserte Kunden-Kommunikation – beides wichtige Hebel für zusätzliches Umsatz-Wachstum. Die Technologie-Experten von IDC veranschlagen das Weltmarkt-Volumen der IP-Telefonie für 2005 auf umgerechnet über 22 Milliarden Euro.

Für Unternehmen zählt der Return on Investment (ROI)

Selbstverständlich gründen Unternehmen ihre Investitions-Entscheidungen nicht allein auf Marktprognosen. Sie benötigen vielmehr eine klare Rentabilitäts-Perspektive für ihren finanziellen Einsatz. Andererseits sind die Unwägbarkeiten bei der Quantifizierung eines zukünftigen Return on Investment (ROI) hinlänglich bekannt: Wie lassen sich zum Beispiel die so genannten weichen Faktoren in harte Zahlen fassen? Wer kann schon in Cent und Euro vorhersagen, um wie viel sich der Wert einer Kundenbeziehung erhöht, weil diese künftig über ein IP-basiertes Customer Contact Center besser gepflegt werden kann? Nicht weniger schwierig ist es, den Produktivitäts-Gewinn dank der Zusammenführung bisher isolierter Kommunikationsformen unter eine verbindende Unified Messaging-Lösung im Voraus zu beziffern. Gleichwohl lassen sich verschiedene Bewertungskriterien dingfest machen, die zusammengenommen eine hinlängliche Entscheidungs-Matrix für Investitions-Vorhaben bilden.

Inzwischen ist es bewiesen: IP-Telefonie rentiert sich für Unternehmen.

In diesem Zusammenhang empfiehlt die KPMG Consulting AG, sich nicht allzu lange mit einer der zahlreichen Berechnungsformeln für den ROI aufzuhalten. Meist genüge es, die jährliche Summe aller geldwerten Effekte und die im selben Jahr dafür erbrachten finanziellen Leistungen ins Verhältnis zu bringen. Wichtiger als Benchmarks und Formeln ist die Analyse der aktuellen Kostensituation, denn keine ROI-Betrachtung kommt ohne realistische Vergleichsbasis aus. Übrigens offenbart die reine Aufstellung von Kosten oftmals unnötige Ausgaben und führt damit selbst schon zu ersten Ersparnissen.

Exemplarisch: Eine ROI-Messung

Die folgende Darstellung einer exemplarischen ROI-Messung soll Unternehmen Anhaltspunkte geben für die Rentabilitäts-Vorschau bei eigenen Migrations-Projekten. Als Beispiel dient hier die Einführung von IP-Telefonie und Unified Communication bei Cisco Systems. Um zu vergleichbaren Ergebnissen zu kommen, die sich auf andere Unternehmen übertragen lassen, wurden die tatsächlich gezahlten unternehmensinternen Deckungsbeträge durch marktübliche Produktpreise ersetzt. Die Untersuchung beschränkte sich nicht auf einen bestimmten Projektausschnitt, sondern hatte das gesamte Spektrum der erforderlichen Technologie im Visier, darunter etwa Cisco IP-Phones, die Softphone-Lösung Cisco IP Communicator, so genannte BluePhone-Lösungen für mobile Palmtops sowie Cisco Unified Messaging. Besonderes Gewicht lag auf objektiven, nachvollziehbaren und verständlichen Kalkulationen mit ausreichend Reserven für etwaige Projektrisiken. Und selbstverständlich wurden allgemeingültige Bilanzierungs-Regeln angewandt.

Die Ausgangssituation war von isolierten Kommunikationsformen geprägt: Vor dem Projekt nutzen die Mitarbeiter bei Cisco E-Mail, Fax und Festnetz-Telefon in Home Office oder Büro und unterwegs das Handy. Nach der Zusammenführung all dieser Kommunikationskanäle unter eine einheitliche Unified Communication-Lösung benötigt nun jeder Mitarbeiter nur noch eine einzige Telefonnummer plus E-Mail-Adresse.

Für ihre Feldstudie hatten die Projektmanager zwei Phasen angesetzt: Der Fokus von Phase 1 lag auf der Konvergenz von IP-Infrastruktur und herkömmlichem Telefonnetz. In der zweiten Phase bauten darauf dann die übrigen Dienste der Lösung auf. Dabei ging es zunächst um verbesserte Erreichbarkeit der Mitarbeiter, etwa dank Cisco Personal Assistant (siehe Kapitel 4); geplant war zudem die Integration der Kundenbetreuung via CRM (Customer Relationship Management). Mittlerweile sorgen zusätzliche administrative Services zum Beispiel für transparentere Abrechnungs-Prozesse.

Nach zehn Monaten amortisiert

Nun zu den Ergebnissen: Der Break Even war Mitte 2000, nach zehn Monaten, erreicht. Bis dahin hatte Cisco Systems sämtliche Anschaffungs-, Installations- und andere Initial-Kosten refinanziert. In Zahlen ausgedrückt betrug die Netto-Ersparnis pro Mitarbeiter 340 US-Dollar, insgesamt also 2,6 Millionen Dollar. Aufs Jahr gerechnet sind das 33 Millionen Dollar oder 4.320 Dollar je Mitarbeiter. Der Return on Investment für das Gesamtprojekt lag gemäß obiger Formel bei 126 Prozent.

Für verschiedene Standorte weist die Studie jeweils unterschiedliche Einspar-Volumina aus. Zum einen weichen die Resultate der drei betrachteten Regionen Asien, Europa und Afrika voneinander ab. Zum anderen spielt auch die Größe einer Niederlassung offenkundig eine gewichtige Rolle: Im französischen Sophia Antipolis – ein typisches kleineres Büro mit 35 Mitarbeitern – amortisierte sich das Projekt nach rund 11 Monaten, der ROI betrug hier 111 Prozent. In Frankfurt-Eschborn, eine Niederlassung mit rund 120 Mitarbeitern, lag die Amortisationszeit bei zehn Monaten und der ROI bei 120 Prozent. Schließlich noch die Ergebnisse für ein typisches großes Büro, Bedfont Lakes nahe Heathrow, Großbritannien (1.100 Mitarbeiter): ROI gleich 130 Prozent, Amortisation nach neun Monaten.

Für ROI-Abschätzungen im Vorfeld von Projekten lässt sich daraus folgende grobe Faustregel ableiten: Je mehr Mitarbeiter von Voice over IP profitieren, desto höher der zu erwartende ROI. Weitere Anhaltspunkte liefert die Aufschlüsselung der Ersparnisse auf unterschiedliche Bereiche. Als Beispiel wiederum die Zahlen aus den Cisco-Büros in Bedfont Lakes: Bis Ende 2004 entfielen hier 67 Prozent auf den Wegfall früherer Telefongebühren. 18 Prozent der Einsparungen verdanken sich IP-basierten Home-Office-Anwendungen, 13 Prozent dem neuen Audio-Konferenzsystem und zwei Prozent dem Service Unified Messaging.

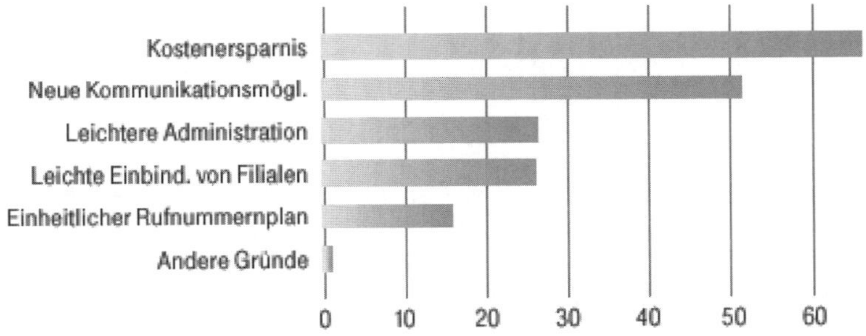

Bei der Entscheidungsfindung steht die Kostenersparnis ganz oben.

Voice over IP-Effekte in der Praxis

Wie die Erfahrungen in anderen Unternehmen aussehen, zeigen schlaglichtartig die nun folgenden Fallbeispiele.

H.B. Fuller (Industrie)

Zwei Millionen US-Dollar will H.B. Fuller, der amerikanische Hersteller von Industrie-Klebstoffen, mit IP-Telefonie innerhalb von fünf Jahren einsparen. Der Roll Out von rund 3.000 Cisco IP-Phones in Kombination mit der Lösung Cisco Unity wird sich standortabhängig in sehr unterschiedlicher Geschwindigkeit auszahlen, spätestens aber nach 36 Monaten. Die Einsparungen setzen sich wie folgt zusammen: jährlich 60.000 US-Dollar bei Netzwerk-Administration und Training, signifikant geringere Gebühren für die Inter-Office-Kommunikation, um 52.000 Dollar geminderte Verkabelungs-Kosten sowie eine 85-prozentige Reduktion der Kosten für PBX-Upgrades (Private Branch Exchanges / Nebenstellen-Anlagen). Zudem erwartet H.B. Fuller, dass jährlich 37.000 Dollar weniger für Mitarbeiter-Umzüge und Neuzugänge (die so genannten MACs = Moves, Adds and Changes) den ROI noch weiter verbessern.

Finanzverwaltung des Landes Nordrhein-Westfalen

Das Rechenzentrum der nordrhein-westfälischen Finanzverwaltung, auf deren Netzwerk schon die vorigen Kapitel Bezug nahmen, liefert auch ein instruktives Beispiel für das Einsparpotenzial von Voice over IP: So sind die Telefonate zwischen den Dienststellen jetzt kostenlos. Außer der Finanzverwaltung werden auch alle anderen Landesbehörden in Nordrhein-Westfalen über ein multimediafähiges Verwaltungsnetz verbunden. Sobald eine Behörde IP-Telefonie einführt, erweitert sie demnach den Teilnehmerkreis für die Gratistelefonie via IP. Nach einer flächendeckenden Ausstattung mit IP-Telefonie sorgt Least-Cost-Routing (LCR) in NRW dafür, dass nahezu alle externe Ferngespräche zum Ortstarif geführt werden können: LCR transportiert Gespräche soweit wie möglich im landeseigenen Wide Area Network (WAN) bis zu derjenigen Dienststelle, die dem Anrufziel geografisch am nächsten liegt. Erst dort entlässt LCR das Gespräch über ein Voice-Gateway nach draußen, ins gebührenpflichtige öffentliche Telefonnetz.

Ein gutes Beispiel für Einsparpotenziale mit IP-Telefonie: Die Finanzverwaltung des Landes Nordrhein-Westfalen.

City of Houston, Public Library

Als ebenfalls öffentliche Einrichtung wendet sich die Public Library von Houston, Texas, an möglichst viele Nutzer, insbesondere auch an behinderte Bürger. In das konvergente IP-Netz von Cisco ließen sich Geräte für hör- und sehbehinderte Menschen nahtlos einbinden. Die Bibliothek schaltete inzwischen 600 ihrer bisher 750 Leitungen ins öffentliche Netz ab – und spart pro Monat entsprechend Gebühren. Je Anschluss sanken die monatlichen Kosten um 50 Prozent. Support und Administration erfordern statt bisher zweieinhalb heute nur noch eine Arbeitskraft. Die Schulungskosten für die diversen früheren TK-Anlagen fallen vollständig weg. Fazit der Bibliothek: Mehr Leistung bei geringeren TCO (Total Cost of Ownership).

Cray Inc. (Supercomputer)

Cray Inc., der Global Player im Marktsegment High-End Supercomputer, steigerte mit der Anschaffung von 650 Cisco IP Phones die Produktivität des Netzwerk-Supports um 33 Prozent. Nach sieben Monaten war die Investition refinanziert – ein ROI von etwas über 170 Prozent. Allein 30.000 US-Dollar entfielen im ersten Jahr auf MAC-Einsparungen; die jährlichen Gebühren für Inter-Office-Gespräche sanken um 25.000 Dollar.

Atos Origin GmbH (E-Business)

Die deutsche Gesellschaft des weltweit tätigen IT-Dienstleisters Atos Origin entschied sich für den Umstieg auf IP-Telefonie anlässlich eines Firmenumzugs im Frühjahr 2003. Vorausgegangen waren eine Kosten-Nutzen-Analyse sowie ausführliche Tests der damals noch jungen Technologie. Heute telefonieren bereits rund 470 Mitarbeiter an den Standorten Hamburg, Bielefeld und Kassel mit modernen IP-Telefonen von Cisco. Neben einem schnellen ROI stand für das Unternehmen die Verwirklichung eines innovativen Bürokonzepts im Vordergrund. Im neuen Hamburger Firmensitz geben so genannte Pool-Arbeitsplätze die Antwort auf die hohen Flexibilitätsanforderungen in punkto Arbeitsorganisation: Jeder Mitarbeiter kann sich dort überall ad hoc eine optimale Arbeitsumgebung schaffen – und ist dennoch ohne jeden Aufwand telefonisch jederzeit unter der eigenen Durchwahl zu erreichen. Mit herkömmlicher TK-Technik wäre das nicht allein praktisch unmöglich, sondern vor allem auch unbezahlbar gewesen. Die doppelte Pflege von Daten- und Telefonnetz ist bei Atos Origin Vergangenheit: Mit der alten Telefonanlage waren fünf Mitarbeiter des technischen Dienstes beschäftigt. Heute kümmert sich ein einziger Administrator um die IP-Telefonie und versorgt außerdem auch alle Applikationen im Umfeld. Also auch hier: sinkende TCO.

Konvergenz-Vorteile im Überblick

Wie gesagt, Kostenersparnis ist nur die eine Seite der IP-Medaille. Die andere – vielleicht noch wichtigere – Seite hat mit dem Geschäftszuwachs zu tun, den IP-Telefonie einbringen kann, indem sie Service sowie Kundenkommunikation verbessert und neue Dienstleistungen ermöglicht. Die zugehörigen Anwendungen lassen sich in konvergenten Netzen zudem schneller ausrollen, was die Time to Market-Spanne für neue Angebote verkürzt. Auf den nächsten Seiten werfen wir deshalb einen systematisierenden Blick auf die wichtigsten Konvergenz-Vorteile – zur besseren Übersicht in folgende drei Gruppen untergliedert: *Infrastruktur und Administration*, *Produktivitäts-Vorteile* sowie *verbesserte Kundenkommunikation.*

Sinkende Infrastruktur-Kosten, vereinfachte Administration

Der Betrieb von Sprach-, Daten- und Video-Kommunikation über ein gemeinsames IP-Netzwerk vermeidet Parallel-Investitionen in bisher getrennte Infrastruktur-Bereiche. Künftig sind weder eine neue Telefonanlage noch ein spezielles Videokonferenz-System für ISDN erforderlich. Unternehmen reduzieren durch Konvergenz die Komplexität ihrer Netz-Infrastruktur, was die Administration wesentlich vereinfacht und folglich die TCO (Total Cost of Ownership) langfristig senkt. Dabei werden Unternehmen zugleich unabhängig von den teuren Wartungsverträgen für frühere TK-Anlagen. Deren proprietäre Protokolle können auch keinerlei Verzögerung mehr verursachen, zum Beispiel wenn es um die Einführung von Unified Messaging geht. Allen IP-Netzen von Cisco liegt ein Multiprotokoll-Ansatz zugrunde, der für schnelle und kostengünstigere Integration neuer Services und Anwendungen sorgt.

Konvergenz verbessert die Skalierbarkeit und verringert damit künftige Erweiterungskosten. Denn IP-Telefonie, Multimedia-Applikationen und regulärer Datenverkehr können neu hinzukommende Netzwerk-Ressourcen – etwa zusätzliche Bandbreite – nach dem Sharing-Prinzip gemeinsam nutzen. Weil pro Nutzer außerdem weniger Kabel und Anschlüsse erforderlich sind (bei Neubauten zwischen 33 und 50 Prozent), ergeben sich auch für die passive Netz-Infrastruktur sichtbare Kostenvorteile – was wiederum die Amortisation der gesamten Netzwerk-Investition beschleunigt.

Der wohl entscheidende Gewinn für die Infrastruktur ergibt sich aus zentralem Call Processing plus Remote Administration: In allen Niederlassungen stehen damit die gleichen Komfort-Merkmale und Applikationen zur Verfügung, ohne dass dafür vor Ort ausgebildetes Personal benötigt wird. Hinzu kommt noch die verbesserte Kosten-Kontrollmöglichkeit in der Unternehmenszentrale. Übrigens ist die zentrale Administration auch die Voraussetzung für die kosteneffiziente Durchsetzung eines unternehmenseinheitlichen Sicherheits-Regimes.

Da die gesamte Infrastruktur durchgängig auf dem Internetprotokoll IP basiert, muss kein Unternehmen mehr fremdes Know-how in Sachen Technologie vorhalten. Qualifiziertes Personal mit IP-Kompetenz ist auf dem freien Markt einfacher zu finden als Spezialisten für obsolete Telekommunikations-Anlagen. Außerdem bilden zeitgemäße IT-Skills ein zukunftssicheres Humankapital. Erfahrungsgemäß werden bis zu 14 Prozent des IT-Budgets von Fluktuationen innerhalb des Unternehmens – den bereits erwähnten MACs – verschlungen; jeder Einzelfall kostet zwischen 75 und 135 Dollar. Allein schon die Tatsache, dass die Mitarbeiter ihr IP-Telefon am neuen Arbeitsplatz einfach einstecken und ohne Hilfe eines Administrators alle Leistungsmerkmale und persönlichen Einstellungen nutzen können, offenbart an dieser Stelle eine enorme Einsparmöglichkeit.

Produktivität – der entscheidende Wettbewerbs-Faktor

Als wichtigster Vorzug der IP-Telefonie wird von den meisten Analysten und Unternehmensberatern immer wieder ihr Potenzial zur Produktivitäts-Steigerung herausgestrichen. Effektivere Unternehmens-Kommunikation und schlankere administrative Prozesse dank schneller Service-Integration machen IP-Telefonie in vielen Branchen zu einer wettbewerbskritischen Technologie. Das Beispiel Unified Messaging untermauert diese These: Eine Studie der Radicati Group Inc. zeigt, dass die Bündelung der Kommunikations-Fformen zwischen 25 und 40 Minuten Zeitersparnis pro Tag und Arbeitskraft erbringt. Zugleich sinkt in den IT-Abteilungen der Betreuungsaufwand für die Kommunikations-Systeme um bis zu 70 Prozent. Mitarbeiter sind besser erreichbar, können beispielsweise auf Faxnachrichten sofort reagieren – auch ohne dass ein Faxgerät in ihrer Nähe wäre. Denn Unified Messaging überwindet die früheren Medienbrüche und sendet ein eingehendes Fax zum Beispiel als E-Mail mit PDF-Anhang an Outlook und erzeugt gleichzeitig eine automatische Voice-Benachrichtigung. Alternativ lassen sich per XML (Extensible Markup Language) auch automatische Textnachrichten auf das Display eines IP-Phones verschicken.

In vielen Unternehmen scheiterte Unified Messaging bisher an der Schwierigkeit, die diversen Medien und ihre unterschiedlichen Plattformen zu wirtschaftlich vernünftigen Bedingungen zu integrieren. Dagegen sind medienverbindende konvergente Netzwerke sozusagen die natürliche Basis für produktivitätssteigerndes Unified Messaging (siehe auch Kapitel 4).

Produktivität ist in den seltensten Fällen eine Sache einzelner, isolierter Mitarbeiter. Erst durch die Zusammenarbeit innerhalb von Abteilungen und Projektteams bildet sich ein lebendiger Unternehmens-Organismus, der für seine Kunden Mehrwert schafft. Zudem: Das meiste relevante Business-Wissen steckt heute in den Köpfen der Mitarbeiter. Deshalb ist es so wichtig, dieses Wissen durch neue, produktivere Formen der Zusammenarbeit gewinnbringend zu mobilisieren. Auch dafür bieten konvergente Netzwerke eine ideale Plattform. Eine Schlüsselrolle kann hierbei zum Beispiel die Kombination von Sprach- und Video-Kommunikation im Zusammenspiel mit einer Knowledge Management-Lösung spielen. Gängige Funktionen sind etwa das Application Sharing, ein digitales Schwarzes Brett pro Arbeitsgruppe sowie individuelle Web-Foren. Von Zeit- und vielfach auch Reisekosten-Ersparnissen einmal abgesehen sind virtuelle Meetings per Videokonferenz und Desk-Sharing erfahrungsgemäß konzentrierter, ergebnisreicher – also effektiver als ihre physischen Vorgänger.

Verbesserte Kundenkommunikation

Der Boom rund um CRM (Customer Relationship Management) zeigt, wie hoch die meisten Unternehmen heute den Wert ihrer Kundenbeziehungen einschätzen. Allein schon aus Kostengründen hat Kundenpflege oftmals Priorität vor Neukunden-Gewinnung. Eine oft zitierte Statistik besagt, dass es fünf- bis zehnmal teurer ist, einen neuen Kunden zu akquirieren als einen Bestandskunden zu halten. Exzellenter Kundenservice bringt daher in vielen Marktsegmenten heute die entscheidenden Wettbewerbs-Vorteile. Wie kann ein Unternehmen beispielsweise ein Online-Pendant zur physischen Filiale mit einem vergleichbaren Service-Level aufbauen? Am besten auf dem Fundament eines konvergenten IP-Netzwerks, das alle Kommunikationskanäle hin zum Kunden – Telefon, Internet, E-Mail – in ein gemeinsames System zusammenbringt. Auch hier ist es wieder die Überwindung früherer Medienbrüche, die für signifikante Serviceverbesserungen sorgt.

Cisco bietet fertige Lösungen von Multimedia Customer Contact Centern an – und das in unterschiedlicher Dimensionierung, passend für kleine Mittelständler wie auch für Großkonzerne mit mehreren zehn- oder hunderttausend Kunden. Und weil Customer Care für viele Unternehmen mittlerweile zentrale Bedeutung hat, ist das Cisco IP Contact Center, kurz IPCC, auch ein integraler Bestandteil der Cisco IP-Kommunikationslösung (mehr darüber im nächsten Kapitel). «Integral» ist hierbei wörtlich zu verstehen, denn es geht um die direkte Integration betreuungswichtiger Funktionen in die zugrunde liegende Infrastruktur. Nur dadurch lassen sich anspruchsvolle Features wie ACD (Automatic Contact Distribution) oder IVR (Interactive Voice Response) kostengünstig installieren, managen und betreiben. Man könnte hier vom Return on Customer sprechen, ein Maß für die Profitabilität von Kundenbeziehungen. Ziel dabei ist es: bei minimalen Betreuungskosten den Umsatz je Kunde zu maximieren, und zwar über den gesamten Lebenszyklus einer Kundenbeziehung hinweg.

Zusammenfassung

Die führenden Analysten sind sich einig: IP-Telefonie – oder allgemeiner: die Konvergenz aller Kommunikationsformen auf Basis des Internetprotokolls IP – ist alles andere als ein vorübergehender Trend. Es ist für die meisten Unternehmen keine Frage ob, sondern wann und in welchen Schritten sie ihre Telefonnetze vollständig auf das Internetprotokoll migrieren.

Als die wichtigsten Treiber für IP-Telefonie hat das vorliegende Kapitel merkliche Kosten-Einsparungen, ausgewiesene Produktivitäts-Gewinne und profitablere Kunden-Beziehungen mit neuen Umsatzchancen herausgearbeitet. Außergewöhnlich kurze Amortisations-Zeiten und ein entsprechend hoher ROI machen Voice over IP auch für Investitions-Entscheider zu einer überaus interessanten Technologie.

4 Der Weg zur IP-Telefonie

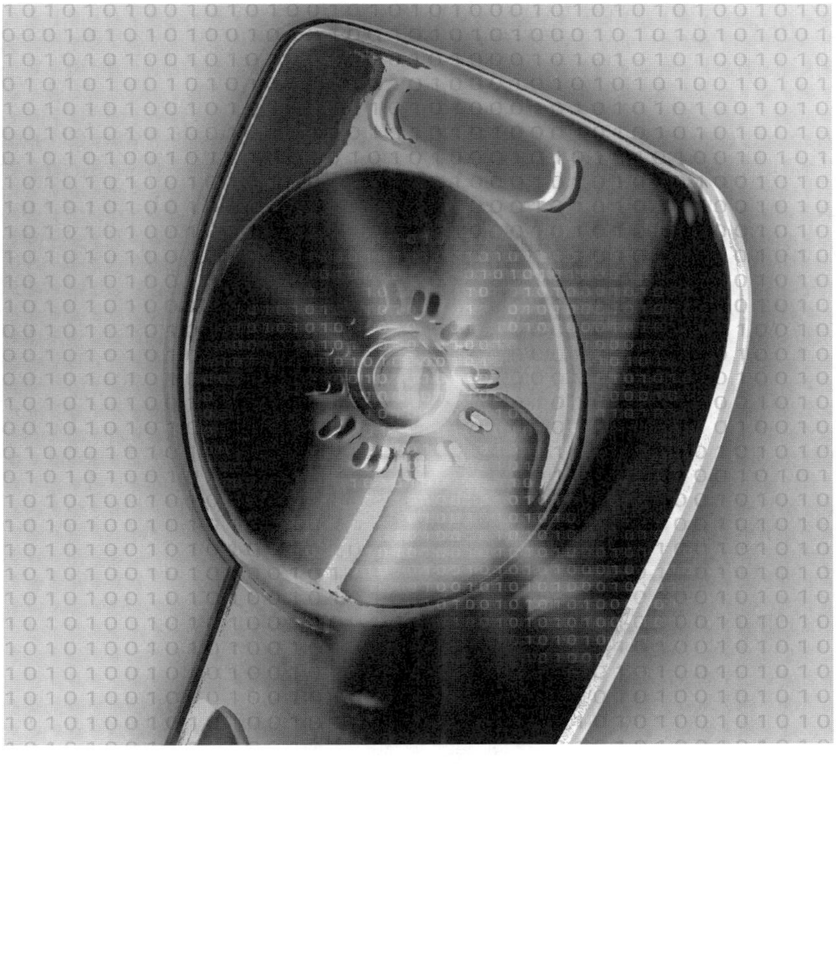

Nachdem die beiden vorigen Kapitel die technologischen und wirtschaftlichen Vorteile der IP-Telefonie dargelegt haben, soll es im Folgenden um die praktischen Möglichkeiten der IP-Telefonie im Unternehmens-Alltag gehen. Als Ausgangspunkt und roter Faden dient dem vorliegenden Kapitel dabei die Gliederung der IP-Kommunikations-Lösung.

Der Weg zur IP-Telefonie

Das Leitmotiv zum Thema IP-Telefonie lautet wie folgt:

Cisco IP-Kommunikation ist das universelle Fundament für individuelle Lösungen für IP-basierte Sprach- und Video-Kommunikation.

Dabei handelt es sich nicht um ein Fertigprodukt von der Stange, sondern um einen ständig erweiterten Bausatz, der alle erforderlichen Infrastruktur-Komponenten, unterschiedliche Endgeräte sowie direkt nutzbare Applikationen für unternehmensspezifische Kommunikationslösungen enthält.

Equipment für eine neue Telefonanlage.

Im Einzelnen sind dies folgende Bereiche:

- *Cisco CallManager,*
  die Software für das zentrale Anruf-Management;

- *Endgeräte:*
  sowohl IP-Telefone in Hardware-Ausführung als auch Software-Anwendungen, wie der Cisco IP Communicator, der den Desktop PC in ein virtuelles Telefon verwandelt;

- *zusätzliche Applikationen,*
  die durch Kombination mit Computer-Anwendungen die Effektivität der telefonischen Kommunikation steigern;

- *das intelligente Netzwerk:*
  Switches, Router/Voice-Gateways, Server, Protokolle plus Sicherheit auf allen Netzwerk-Ebenen, inklusive Mobilität und Management der gesamten Kommunikations-Infrastruktur.

Verbindendes Element und gleichsam Seele der Architektur ist das Internetprotokoll IP. Kapitel 2 hat die enormen Integrationschancen, die das damit verbundene Übertragungs-Modell bietet, bereits angesprochen. Hier wird sich nun zeigen, wie sich dieses Potenzial auf der Basis von Cisco IP-Kommunikation in realen Mehrwert umwandeln lässt.

Der Cisco CallManager

Herzstück der Architektur ist der Cisco CallManager, eine Software, die für das zentrale Gesprächs-Management verantwortlich ist. Bildlich gesprochen übernimmt der CallManager die Rolle herkömmlicher Telefonanlagen; doch geht er weit darüber hinaus: Sein Part erstreckt sich nicht nur auf bloße Vermittlungsaufgaben oder das Durchreichen von Leistungsmerkmalen zum Telefon. Er stellt vielmehr die zentrale Intelligenz bereit für alle Aufgaben rund um die Signalisierung und Verbindungskontrolle, Telefon- und Video-Gespräche sowie für die nahtlose Anbindung von Endgeräten und Software-Applikationen. Neben Cisco-Lösungen wie Cisco *Unity* oder *Personal Assistant* gehören dazu zum Beispiel auch Microsoft-Anwendungen.

Der Cisco CallManager ist das Herzstück der IP-Telefonie.

Offen und flexibel

Von IP-Telefonie-Lösungen anderer Anbieter unterscheidet sich der CallManager durch seinen integrativen Ansatz, was sich unter anderem an der breiten Palette unterstützter Protokolle und Standards ablesen lässt. Der CallManager kann dadurch nicht nur reinrassige IP-Lösungen versorgen, sondern auch hybride Mischsysteme, die Voice over IP und traditionelle Telekommunikations-Technik kombinieren. Daraus ergibt sich die Option zur «sanften» Migration – vorteilhaft zum Beispiel dann, wenn Unternehmen laufende Abschreibungsfristen vorhandener Telekommunikations-Technik voll ausschöpfen wollen. Grundlage zur Kombination des CallManager mit bestehenden TK-Systemen ist das Q.SIG Protokoll. Q.SIG ist ein herstellerübergreifender Standard, der ursprünglich zum Austausch proprietärer Leistungsmerkmale diente – und das in heterogenen Telekommunikations-Landschaften eher traditioneller Provenienz. Damit wird es möglich, TK-Leistungsmerkmale wie «Rückruf bei besetzt/nicht erreichbar» auch zwischen Systemen verschiedener Hersteller zu nutzen.

Die ständig verbreiterte Protokoll-Vielfalt versetzt den CallManager zudem in die Lage, sich unterschiedlichen Anforderungen flexibel anzupassen. Problemlos lassen sich beispielsweise Video-Telefone sowohl nach dem Standard H.323 als auch gemäß Skinny Client Control Protocol (SCCP) integrieren. Dadurch kann die Sprach- und Daten-Kommunikation gemeinsam administriert werden, was die laufenden Kosten für das Gesamtsystem dauerhaft begrenzt. Dank seiner offenen Programmier-Schnittstellen API (Application Programming Interface) ist es zudem möglich, firmenspezifische Applikationen anzubinden oder auch einen individuellen Workflow für ein Customer Contact Center umzusetzen. Das offene API bietet auch Fremdherstellern Anknüpfungspunkte, um CallManager-kompatible Endgeräte an den Markt zu bringen. Beispielsweise lassen sich über CallManager-Schnittstellen wie TAPI/JTAPI Unified Messaging oder Contact Center Applikationen anbinden und via ODBC (Open Database Connectivity) Abrechnungsdaten erzeugen. Dank H.323 können Kunden-Unternehmen ihre vorhandenen, ursprünglich für den PBX-Betrieb konzipierten Videokonferenz-Systeme gemeinsam mit dem CallManager weiternutzen. Dabei besteht die Möglichkeit, die Cisco IP-Telefone 7941, 7961 beziehungsweise 7970 durch Anschluss einer USB-WebCam mit der Client-Anwendung Cisco VT (Video Telephony) Advantage zu vollwertigen Video-Endgeräten zu erweitern.

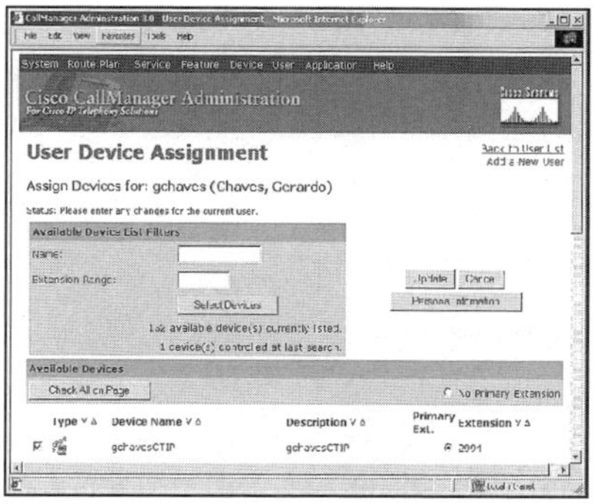

Die Benutzeroberfläche des CallManager Administrations-Tools.

Andere Wege geht der Marktführer für Videokonferenz-Terminals, die Firma *TANDBERG:* Sie hat das Cisco Protokoll SCCP nativ in ihre Produkte integriert, so dass in der Zusammenarbeit mit dem CallManager kein zusätzlicher Gatekeeper mehr benötigt wird. Weiterhin stehen alle Telefon-Leistungsmerkmale auch am *TANDBERG* Video-Endgerät bereit. Wir werden weiter unten bei der Besprechung von *Rich Media Conferencing* auf diesen Vorzug zurückkommen. Zunächst sollen uns aber die unterschiedlichen Dimensionierungs-Möglichkeiten des CallManager beschäftigen.

Cluster für beliebige Skalierbarkeit

Interessant für große Unternehmen ist die Möglichkeit, mehrere CallManager zu einem Cluster zu vereinigen. Damit lässt sich nicht nur die Anzahl der angeschlossenen Endgräte skalieren, sondern auch der Ausfallschutz für die IP-Lösung verbessern. Hierbei können maximal acht CallManager zu einem Cluster zusammengefasst werden, der dann insgesamt bis zu 30.000 Endgeräte praktisch wie in einem TK-System verwalten kann. Sind die Ansprüche noch höher – wie zum Beispiel bei global operierenden Konzernen oder bei Service Providern –, besteht außerdem die Möglichkeit, mehrere Cluster miteinander zu verbinden; somit können an hunderten Standorten bis zu einer Million Teilnehmer versorgt werden.

Der CallManager kann auf den Cisco-Servern der Reihe 7800 installiert werden.

Ein weiteres Motiv für Clustering von CallManager-Servern ist der Bedarf nach Hochverfügbarkeit: Fällt ein Server aus, wird dessen Part automatisch vom überlebenden System im Cluster übernommen. Weil sich jedes IP-Telefon an bis zu drei CallManager-Servern registrieren kann, entsteht in der Summe somit dreifache Redundanz.

Cisco CallManager Express

In kleineren Unternehmen oder Filialen sieht die Bedarfssituation meist anders aus: Cisco stellt speziell für diese Nutzergruppe den CallManager Express zur Verfügung: eine routerbasierte Software, die den Einsatz einer separaten TK-Infrastruktur überflüssig macht. Der CallManager Express eignet sich zurzeit für Unternehmen und Organisations-Einheiten mit zu 240 Telefonen. Zu den Telefonie-Merkmalen, die direkt genutzt werden können, zählen neben den Klassikern «Anrufumleitung», «Makeln» oder «Rückruf bei besetzt» unter anderem auch eine Gruppenruf-Funktion, das gemeinsame Telefonbuch sowie interne und externe Konferenzschaltungen. Der gewählte Funktionsumfang hält eine Balance zwischen breiter Geschäftsprozess-Unterstützung und möglichst geringem Konfigurations- und Administrations-Aufwand. Gleichwohl zeigt sich die Express-Variante ähnlich offen gegenüber Erweiterungen wie ihr großer Bruder. So lassen sich etwa via XML (die schon in Kapitel 1 erwähnte Extensible Markup Language) Computer-Anwendungen anbinden, um so zum Beispiel die Effektivität der telefonischen Kundenbetreuung zu erhöhen.

Obwohl sich der CallManager Express als autarkes System zur dezentralen Versorgung von Niederlassungen in der Praxis vielfach bewährt, enthält sein Konzept bereits einen klaren Migrations-Pfad in Richtung auf ein zentralisiertes Call Management: Meist sind nur wenige Handgriffe in der Router-Konfiguration erforderlich – und das dezentrale System ist direkt in den CallManager in der Unternehmenszentrale integriert. Mit anderen Worten: Wachsender Kapazitätsbedarf gefährdet die geleisteten Investitionen nicht. Stattdessen profitiert die Niederlassung nicht nur von höherer Verfügbarkeit und sprunghaft gestiegenem Teilnehmerkreis für gebührenfreie Telefonate, sondern auch von zentraler Administration per Fernwartung. Vor Ort werden somit weder speziell qualifizierte Mitarbeiter noch externe Dienstleister benötigt. Aus Sicht der Administration sind der CallManager und der CallManager Express immer im Vorteil gegenüber PBX-Systemen (Private Branch Exchange-Systemen / Nebenstellenanlagen): Denn die IT-Abteilung steuert sowohl die Daten- als auch die Kommunikations-Infrastruktur der Zentrale und der Niederlassungen.

Mehr als nur ein Telefon

Bevor wir nun näher auf die Mehrwert-Applikationen von Cisco IP-Kommunikation eingehen, folgt zunächst ein Blick auf die reiche Auswahl IP-fähiger Endgeräte. Die unterschiedlichen Mitglieder der Cisco IP-Telefonfamilie richten sich an verschiedene Nutzergruppen. Jeweils auf ganz bestimmte Kommunikations-Bedürfnisse zugeschnitten vereinen sie Applikationen mit gewohntem Telefonkomfort.

Preiswerte Basisvariante: Cisco IP-Telefon 7905G.

Als kostengünstiges Einstiegsmodell bietet sich zum Beispiel das Cisco IP-Telefon 7905G an. Das Modell eignet sich ebenso für Großbetriebe wie für mittelständische Unternehmen, kleine Büros oder Heim-Arbeitsplätze. Eben für alle Orte, wo üblicherweise Single-Line-Telefone installiert werden: im Pausenraum, am Empfang oder in Werkhallen. Das Cisco IP-Telefon 7905G führt seinen Benutzer mit vier einfach bedienbaren Softkeys intuitiv durch die übersichtlichen Display-Menüs bis zur gewünschten Anruf-Funktion. Wie die meisten Geräte von Cisco lässt sich das 7905G per Power over Ethernet über das lokale Datennetz mit Energie versorgen. Damit kann der Netzwerkadministrator die Stromzufuhr zentral steuern, was zum einen den Verkabelungs-Aufwand reduziert und sich zum anderen als höhere Netzwerk-Verfügbarkeit bezahlt macht. Außerdem beherrscht das Telefon XML, womit sich beispielsweise in Lagerhallen telefonische Kommunikation und logistischer Workflow direkt verzahnen lassen – etwa indem aktuelle Kommissionier-Aufträge aus dem Lagerverwaltungs-System als Textnachricht im Display des Telefons erscheinen.

Als erweiterte Variante bieten sich die Cisco IP-Telefone der Serie 7960/7961 an. Diese Telefone verfügen über sechs programmierbare Funktionstasten und über die bekannten vier Softkeys zur einfachen Navigation; ihr großflächiges Display zeigt Datum und Uhrzeit, Name und Nummer des Anrufers sowie die gewählte Nummer an. Die Reihe 7960/7961 ist dynamisch konzipiert: Die

Systemfähigkeiten wachsen mit der Leistung des Netzwerks mit. Und zwar dank automatischer Software-Updates im Flash-Speicher des Telefons.

Offen für neue Systemfunktionen: Die Cisco IP-Telefone 7941 und 7961.

Weil die Reihe 7960/7961 eingehende eingehende Anrufe im Display kategorisiert, können Benutzer per Funktion zum Direkt-Rückruf ihre Anrufe schneller und effizienter beantworten. Zudem steht das komplette Firmenverzeichnis via Lightweight Directory Access Protocol, kurz LDAP3, im Display des Telefons zur Verfügung. Die XML-Fähigkeit (siehe Kapitel 2) macht diese Serie zu einem offenen Terminal. So können PC-Applikationen auf dem Display des Telefons dargestellt werden.

Sollten die sechs programmierbaren Leitungstasten des IP-Telefons nicht ausreichen, um das Gesprächs-Aufkommen zu managen und den jeweiligen Anrufstatus zu überwachen, lässt es sich unkompliziert erweitern: Das Cisco IP-Telefon Expansion Modul 7914 fügt 14 zusätzliche Leitungen hinzu, entsprechend mehr Funktionstasten und ein weiteres LCD-Display. Mit einem Erweiterungsmodul steigt die Kapazität für Leitungstasten, Kurzwahl-Ziele oder Statusanzeigen der Serie 7960/7961 also auf 20, bei Aneinanderschaltung zweier Module auf 34. Ein typisches Einsatzszenario: Ein Assistent nimmt einen Anruf für den Chef entgegen. Das Display des Cisco 7914 Expansion Moduls zeigt, dass dieser gerade spricht und ein weiterer Anrufer bereits auf «Halten» liegt.

Ein Blick auf das Display des Cisco 7914 Expansion Moduls zeigt, dass ein anderer Manager der Gruppe sein Gespräch gerade beendet hat. Vielleicht kann er dem neuen Anrufer weiterhelfen – kurze Rückfrage beim Anrufer, und es kann zum freien Manager durchgestellt werden.

Zusätzliche Kapazität mit dem Cisco Expansion Modul 7914.

Weitere IP-Telefone von Cisco für spezielle Anforderungen sind die Modelle 7941G und 7961G. Das IP-Telefon 7941G eignet sich besonders für Mitarbeiter mit weitgehend automatisierten Prozessabläufen, etwa im Call Center. Zu den Leistungsmerkmalen gehören neben dem hochauflösenden Display mit Zeit-/ Datums- und Anrufer-Daten programmierbare Tasten sowie interaktive Softkeys, die Anwender durch Anruf-Funktionen führen. Das Display erlaubt zudem die Nutzung von XML-Anwendungen. Das IP-Telefon 7961G richtet sich an Führungskräfte und Verwaltungsassistenten. Es verfügt über erweiterte Leistungsmerkmale des Modells 7941G.

Das IP-Telefon 7985G ist das Desktop-Video-Telefon der Cisco IP-Communications-Lösung. Es ermöglicht visuelle Kommunikation direkt vom Schreibtisch aus. Zu seinem Leistungsumfang zählen unter anderem eine Kamera, ein LCD-Bildschirm, Lautsprecher und eine Tastatur.

Das Modell Cisco 7985G.

Das Video-Telefon 7985G ist darauf ausgelegt, mit den Kapazitäten des Systems mitzuwachsen.

Als Vertreter der High-End-Klasse steht das Cisco IP-Telefon 7970/71 zur Verfügung. Das Telefon lässt sich zeitsparend über das hoch auflösende, hintergrundbeleuchtete Touch-Screen-Farbdisplay bedienen. Es bietet acht Leitungstasten und verfügt über eine hochwertige Freisprechanlage. Das IP Phone 7971 stellt die Gigabit-Variante der 797x-Serie dar.

Mobilität bringt das Drahtlos-Telefon Cisco 7920 überall dahin, wo Firmenareale von WLAN Access Points funktechnisch ausgeleuchtet sind. Das handliche IP-Telefon ist auf die Zusammenarbeit mit Access Points der Cisco-Serien Aironet 1200, 1100, 340 und 350 optimiert. Wireless LANs erweitern die kabelgebundene Netzwerk-Infrastruktur nahtlos, so dass die mobilen IP-Telefone genau wie ihre stationär verbundenen Pendants vom CallManager mit Telefon-Funktionalität versorgt werden können. Auf weiträumigen Lagerflächen oder auch in Krankenhäusern steigern drahtlose IP-Telefone die Produktivität durch kürzere Wege und verbesserte Erreichbarkeit.

Mobil telefonieren im Wireless LAN mit dem Cisco 7920G.

IP Communicator

Außer so genannten Hard-Phones offeriert Cisco auch eine Software-Applikation, die den Computer in ein vollwertiges Telefon verwandelt: den Cisco IP Communicator. Attraktiv ist zunächst der niedrige Anschaffungspreis – die Software kostet nur einen Bruchteil dessen, was für Hardware-Telefone angelegt werden muss. In vielen Situationen noch wichtiger: Der Cisco IP Communicator bringt kein Gramm zusätzliches Gewicht auf die Waage und ist deshalb ideal für mobile Mitarbeiter, die unterwegs mit ihrem Notebook telefonieren wollen. Das imposanteste Beispiel für einen derartigen Einsatz liefert die NASA:

Astronauten telefonieren aus dem Weltall per Cisco IP Communicator mit ihrer Bodenstation.

Eine NASA-Astronautin telefoniert vom Space Shuttle zur Bodenstation. Sie verwendet dazu das IP-Softphone.

Unterdessen sparen auch auf der Erde mobile Mitarbeiter massiv Gebühren – zum Beispiel wenn sie an einem Wireless Hot Spot nicht mehr per Handy über Mobilfunknetze, sondern via Cisco IP Communicator und Virtual Private Network (VPN) über das Internet in das Firmennetz hinein telefonieren. Sie profitieren dabei zudem von der nahtlosen Zusammenarbeit zwischen Cisco IP Communicator und anderen Software-Lösungen auf ihrem Notebook: So starten sie ein Telefonat, indem sie den gewünschten Namen mit niedergedrückter Maustaste einfach aus dem Kontaktordner von Microsoft Outlook oder Lotus Notes in das Fenster des Cisco IP Communicator ziehen – also kein langwieriges Abtippen von Nummern und auch keine doppelten (und daher meist inkonsistenten) Telefonbücher mehr.

Cisco Unity und Cisco Personal Assistant

Systematisch bündelt Cisco Unity die unterschiedlichen Kommunikationsformen im Unternehmen. E-Mail, Fax und Anrufbeantworter verschmelzen beim Unified Messaging mit dem Telefon. Cisco Systems stellt dafür eine medienübergreifende Schnittstelle bereit; die Lösung ist in zwei Varianten verfügbar: als reine Voice-Messaging sowie als umfassende Unified-Messaging-Lösung, inklusive E-Mail und Fax-Integration. Option 1 bietet sich insbesondere an, wenn Fax- und E-Mail-Kommunikation bereits durch eine andere Lösung vereinheitlicht werden, beispielsweise auf der Basis von Microsoft Exchange Server oder Lotus Domino. Die Integration von Sprachdiensten via Cisco Unity stellt die dort gebundenen Investitionen nicht in Frage, sondern wertet sie durch zusätzliche Sprachfunktionen auf. Bei Option 2 können Systemverantwortliche die gewohnte Administrations-Philosophie von Exchange auch zur Verwaltung von Cisco Unity nutzen – was die (im vorigen Kapitel diskutierten) Total Cost of Ownership gering hält.

Via Cisco Unity sind Nachrichten auf dem PC oder einem Telefon abrufbar. Faxe werden in den E-Mail-Ordner weitergeleitet und E-Mails dank intelligenter Sprach-Software am Telefon «vorgelesen». Danach erhält eine solche Nachricht den Status «Gelesen» und wird automatisch in einem öffentlichen oder benutzerspezifischen Nachrichtenordner archiviert. Alle erforderlichen Synchronisations-Prozesse erledigt Cisco Unity im Hintergrund – und zwar in Echtzeit, also verzögerungsfrei. Durch die Nutzung vorhandener Verzeichnisdienste beseitigt Cisco Unity die Notwendigkeit doppelter Benutzerkonto-Führung, deren Aufwand und Fehleranfälligkeit die positiven Effekte vieler Patchwork-Lösungen für Unified Messaging in der Praxis oftmals schmälern.

Cisco Unity Express

Speziell für kleinere mittelständische Unternehmen steht die kompakte, sofort einsatzbereite Voice Mail Version Cisco Unity Express zur Verfügung. Sie ist für den gemeinsamen Einsatz mit dem CallManager Express optimiert und lässt sich in diesem Fall besonders einfach installieren und verwalten. Cisco Unity stellt auch in kleinen Zweigstellen und Büros einen ausgesprochen kostengünstigen Weg zum eigenen Voice Mail-System bereit. Gerade diese Nutzergruppe kann auf den Produktivitätsgewinn durch verbesserten Kommunikations-Durchsatz heutzutage eigentlich nicht mehr verzichten.

Personal Assistant

Personal Productivity setzt sich eine weitere Applikation der IP-Kommunikationslösung zum Ziel – der *Cisco Personal Assistant:* Nutzer legen damit Anrufregeln fest, die ihrem individuellen Geschäftsalltag am besten entsprechen. Zum Beispiel, wann und wo sie welche Anrufe empfangen wollen: Je nach Identifikation der Anrufer, Tageszeit und aktueller Terminsituation werden Anrufe entweder durchgestellt, an einen Kollegen weitergeleitet oder mit einer Voice Mail beantwortet. Mit überraschend wenigen Parametern lässt sich im Browserfenster des Personal Assistant ein dennoch hochflexibles Regelwerk gestalten.

Die Steuerung der persönlichen Kommunikation unterstützt der Personal Assistant durch automatische Spracherkennung (ASR = Automatic Speech Recognition). Mit der eigenen Stimme werden Einträge aus dem Adressbuch gewählt, Telefonkonferenzen initiiert oder weitere Zusatzdienste genutzt wie Antworten, Aufnehmen und Löschen von Sprachnachrichten. Das alles über einfaches Aussprechen der Anweisungen. Selbstverständlich sind die Funktionen von Cisco Unity und Personal Assistant vollständig aufeinander abgestimmt.

Das Cisco IP Contact Center (IPCC)

Wie in Kapitel 3 bereits ausgeführt gilt den meisten Marktforschern verbesserte Kunden-Kommunikation als wichtigster Effekt IP-basierter Applikationen. Das *IP Contact Center Enterprise* kann als Weiterentwicklung herkömmlicher Call Center auf der Basis konvergenter Netzwerke angesehen werden. Die herausragende Funktionsblöcke von IPCC sind das intelligente Call Routing, automatische Anrufverteilung (ACD = Automatic Call Distribution), Netzwerk-zu-Desktop-Integration, Interactive Voice Response (IVR) sowie Anruf-Warteschleifen und integriertes Reporting. Auch hier wieder ist es die technologische Konvergenz im Netzwerk, die eine Mehrwert stiftende Konvergenz unterschiedlichster Kommunikationskanäle zur Folge hat. Denn außer per Telefon wenden sich Kunden heute verstärkt per E-Mails, Internet-Formular oder formlosem Fax-Anschreiben an ein Unternehmen. Aufgabe des IPCC ist es hierbei, all diese Kanäle zu bündeln und so für einen möglichst schnellen, gezielten und zugleich hocheffizienten Response zu sorgen.

Das IP Contact Center 7.0 von Cisco.

Wie lässt sich zum Beispiel sicherstellen, dass ein Kunde ohne langes «Hin und Her-Vermitteln» zu einem kompetenten Agenten durchgestellt wird? Durch Call Routing, und zwar auf der Basis einer hinterlegten Skill-Matrix für alle beschäftigten Mitarbeiter. IPCC stellt dafür zehn Kompetenz-Level zur Verfügung, die als Prioritäten bei der Verkehrslenkung eingehender Anrufe eingesetzt werden können. Ist der ausgewählte Agent im Augenblick gerade besetzt, wird der Anruf automatisch an einen Alternativmitarbeiter mit ähnlichem Kompetenz-Profil weitergeleitet. Selbstverständlich versieht IPCC jeden eingehenden Anruf mit allen verfügbaren Informationen und transferiert den relevanten Kunden-Datensatz automatisch auf den Computerbildschirm des zuständigen Agenten. Dabei können sich die Mitarbeiter des Service Center genauso flexibel wie alle anderen IP-Telefon-User irgendwo in Firmennetz oder sogar zu Hause aufhalten.

Cisco IPCC Express

Die Einstiegslösung für Service-Center- und Hotline-Dienste stellt das IP Contact Center Express dar. Cisco IPCC Express basiert auf einer Single-Server-Architektur und ist für bis zu 200 Agenten skalierbar. Die Lösung wurde für den Cisco CallManager entwickelt; bei weniger als zehn Agents können beide Lösungen auf demselben Server betrieben werden. Auch bei dieser Lösung ist Computer Telefonie Integration (CTI) ein zentraler Bestandteil zur Integration mit User-Applikationsdiensten, zum Beispiel mit CRM-Tools.

Rich Media Conferencing mit Cisco MeetingPlace

Als letztes Beispiel einer Komponente soll Rich Media Conferencing verdeutlichen, wie das IP-Netz zum Katalysator für mehr Produktivität und sinkende Kommunikationskosten wird. In der Vergangenheit waren die Übertragungswege meist auf ISDN beziehungsweise TDM-Netze (TDM = Time Division Multiplexing) beschränkt. Datennetze boten früher keine realistische Option. Das änderte sich erst mit der massenhaften Einführung «geswitchter» 10/100 Megabit-pro-Sekunde-Netze und entsprechend leistungsstärkerer Router, die die Philosophie des QoS (Quality of Service) differenziert beherrschen. Denn IP-Telefonie ist auf eine garantierte Dienstgüte im Datennetz angewiesen.

Zeitgemäße Netze ermöglichen nicht nur IP-Telefonie, sondern stellen auch der interaktiven Videokommunikation keinerlei technische Restriktionen mehr in den Weg. Im Gegenteil: Überall da, wo bereits Telefonie mit Vorteil über das Datennetz abgewickelt wird, lassen sich Videokonferenzen nach dem gleichen Grundschema realisieren. Bandbreiten sind in der Regel nicht mehr das Problem, und Investitionen in Videokonferenz-Lösungen via IP haben sich in der Regel sehr schnell refinanziert. Weil sich der Administrations-Aufwand kaum erhöht, verursacht die neue Video-Applikation also auch nur einen entsprechend geringen Anstieg der laufenden Netzwerk-Kosten. Stattdessen gewinnt sie der Infrastruktur einen zusätzlichen Mehrwert ab. Zu einer realistischen Abschätzung des Return on Investment gehört zudem der Produktivitätsgewinn – zum Beispiel wenn Mitarbeiter nicht mehr in den Konferenzraum müssen, sondern am eigenen Desktop via Video an Meetings teilnehmen.

Eine Regel besagt: Der Kostenrückgang je Arbeitsplatz verhält sich exponentiell zur Anzahl der angeschlossenen Clients. Cisco MeetingPlace ergänzt die Cisco IP-Kommunikation um eine Konferenz-Lösung, die Audio-, Video- und Web-Conferencing in einer durchgängigen Ende-zu-Ende–Lösung zusammenführt. Das System lässt sich intuitiv nutzen und erfordert daher kaum Training. Es eignet sich sowohl für Geschäftsmeetings als auch für Schulungen oder Kundenpräsentationen. Nahtlos können vorhandene Video-Lösungen eingebunden und über das firmeneigene IP-Netz weiterbetrieben werden. Da die Server für NetMeeting diesseits der Firewall angesiedelt sind, profitieren Telefon- und Video-Konferenzen zudem von gleich hohen Sicherheitsstandards, wie sie zum Beispiel für die Datenkommunikation im IP-Netz gelten – ein Aspekt, dem sich der nächste Abschnitt noch genauer widmet.

Sicherheit verlangt Intelligenz

Je mehr Geschäftsprozesse ein Unternehmen auf sein IP-Netzwerk verlagert, desto brisanter wird das Thema Netzwerk-Sicherheit. Die Bedrohungslage ist für jede Infrastruktur-Komponente anders; Angriffe können von außen oder von innen kommen. Ziele von Hackern sind oftmals Router, die den Zugang zum Firmennetz kontrollieren. Auch Switches auf Layer 2 und 3 können Opfer von Attacken sein. Hier empfehlen sich zum Beispiel virtuelle LANs, die den Datenverkehr in verschiedene, logisch voneinander abgetrennte Netze unterteilen. In der Praxis weitaus am häufigsten: Angriffe auf Hosts, also direkt auf geschäftskritische Daten und Applikationen.

Nur ein ganzheitliches Sicherheitskonzept, dass sich auf alle Netzwerk-Ebenen und Komponenten erstreckt, kann dieser wirtschaftlichen Grund-Anforderung gerecht werden. Damit ist in etwa die Motivation umrissen, welche Cisco Systems zur Entwicklung einer durchgängigen Security-Strategie veranlasst hat. Der Name *Cisco Safe* fasst dabei alle sicherheitsrelevanten Elemente für die komplette Infrastruktur zusammen.

Hier tritt das interessante Phänomen zutage, dass ausgerechnet im Internetprotokoll IP – das ja von Hause aus keine eigenen Schutzmechanismen anbietet und daher ursächlich Teil des Problemfeldes ist – eine Lösung vorgezeichnet ist: Denn nur dieses Protokoll befähigt Netzwerke letztlich zur «Intelligenz». Das heißt, es sorgt dafür, dass die Netzwerk-Intelligenz dahin gelangt, wo sie konkret benötigt wird: zu den Routern, den Switches und sogar bis hin zu den einzelnen Ports. Cisco nutzt diesen Effekt, um spezifische «Verteidigungs-Intelligenz» gleichmäßig im Netzwerk zu verteilen – man spricht in diesem Zusammenhang auch von einem *Self Defending Network*.

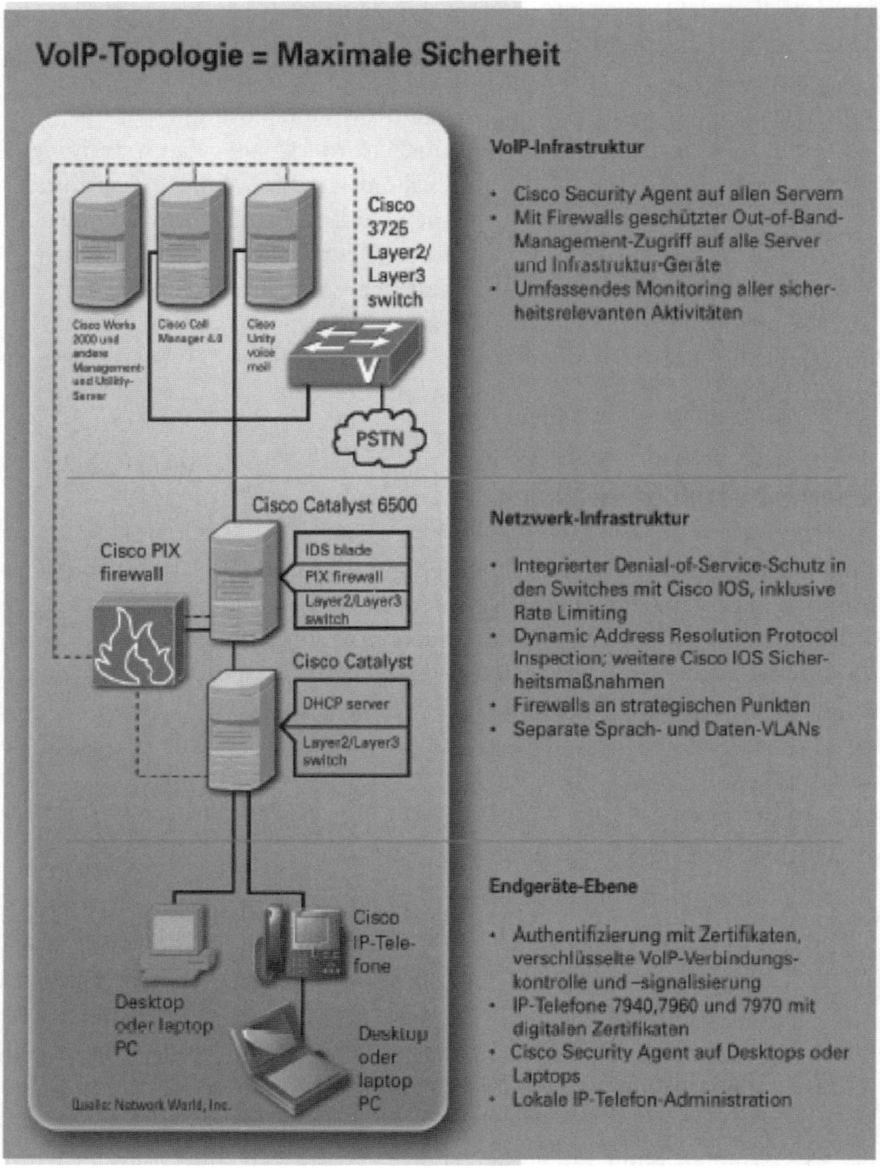

Netzwerk-Topologie: Sicherheit auf allen Ebenen.

Mit einer Firewall am Netzwerk-Rand begnügt sich dieses Konzept also nicht. Stattdessen werden unbefugte Zugriffe von allen Infrastruktur-Komponenten gemeinsam bekämpft. Beispielsweise sind Intrusion Detection Systeme (IDS) auch auf den zentralen Schaltstellen im Netz, den so genannten Core Switches, installiert. IDS basiert auf fortgeschrittenen Techniken der künstlichen Intelligenz und spürt Einbruchsversuche zum Beispiel anhand abweichender Muster des Datenverkehrs auf.

Beim Einsatz von IP-Telefonie ist dabei die Möglichkeit hervorzuheben, die Gespräche zwischen IP-Telefonen und zwischen IP Phone und Voice-Gateway zu verschlüsseln. Weiterhin kann auch die Kommunikation zum CallManager verschlüsselt werden. Die Endgeräte und Applikations-Server können zudem mit Zertifikaten versehen werden, um eine eindeutige Identifizierung der Geräte zu ermöglichen.

Festzuhalten bleibt, dass Cisco Safe ein abgestimmtes Ensemble sich gegenseitig ergänzender Sicherheits-Features umfasst. Dazu gehören neben IDS auch Firewalls, Authentisierungs-Systeme, diverse Verschlüsselungs-Mechanismen, virtuelle private Netzwerke (VPN) und Antivirus-Software – Funktionen, die sich wie gesagt überall im Netzwerk verteilen. Um noch einmal auf die TCO zurückzukommen: Cisco Safe ist kein separates, vom Netzwerk losgelöstes System, sondern integraler Bestandteil der Infrastruktur, der sich logisch in das Netzwerk-Betriebssystem Cisco IOS einfügt. Damit ist sichergestellt, dass Netzwerk-Sicherheit und -Management eine unteilbare Einheit bilden und dadurch die laufenden Betriebskosten nachhaltig begrenzen. Dies ist deshalb ein so wichtiger Punkt, weil nur so garantiert werden kann, dass die wirtschaftlichen Effekte der IP-Telefonie nicht durch zu hohen Administrations-Aufwand kompensiert werden.

5 IP-Telefonie per Service Provider

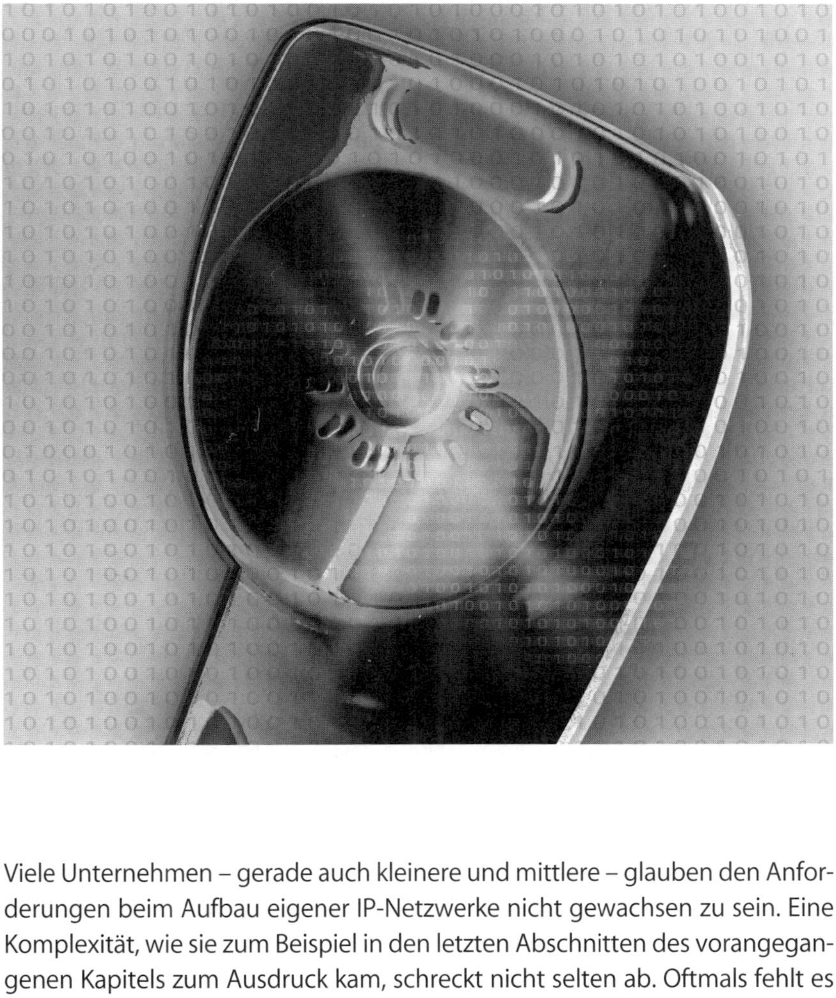

Viele Unternehmen – gerade auch kleinere und mittlere – glauben den Anforderungen beim Aufbau eigener IP-Netzwerke nicht gewachsen zu sein. Eine Komplexität, wie sie zum Beispiel in den letzten Abschnitten des vorangegangenen Kapitels zum Ausdruck kam, schreckt nicht selten ab. Oftmals fehlt es an einschlägigem Know-how. Zudem verträgt die meist dünne Kapitaldecke kaum die notwendigen Investitionen; auch die technologischen Risiken scheinen schwer kalkulierbar.

Aber was ist nun die optimale Variante für mein eigenes Unternehmen? Und natürlich: Wie sieht es auf der Anbieterseite aus? Worauf ist zu achten? Zum Beispiel: Welche infrastrukturellen Voraussetzungen muss ein Service Provider erfüllen? – Fragen über Fragen, denen sich das folgende Kapitel vorwiegend mit Einblicken in die Praxis zu nähern versucht.

IP-Telefonie per Service Provider

Wer auf die Vorteile moderner IP-Kommunikation nicht verzichten will, kommt an einer Auseinandersetzung mit dem Thema «Make or Buy» nicht vorbei: Es geht hier um die Entscheidung, ob ein Unternehmen seine Netzwerk-Infrastruktur selbst aufbaut und verwaltet oder ob es diese Aufgaben an einen externen Dienstleister auslagert. Sofern die oft kritisierten Abhängigkeiten des vollständigen Outsourcing dabei vermieden werden sollen, bietet sich alternativ die Option zum «Outtasking»: Hierbei werden genau definierte Teilaufgaben und daher nur ausgewählte Verantwortungen an einen externen Partner übertragen.

Interessant ist die Alternative Outtasking aber noch aus einem anderen Grund: Wird der gesamte Aufgabenkomplex der Informatik- und Kommunikations-Abteilung in einzelne Aufgaben (Tasks) unterteilt, können sich Unternehmen einen klaren Überblick über ihre Strukturen verschaffen. Darauf aufbauend lässt sich am besten entscheiden, welche Bereiche mit Vorteil nach außen delegiert werden sollen. Outtasking kann zudem die Vorstufe für ein mögliches Outsourcing sein – wobei das Zerlegen der Geschäftsabläufe oftmals zu der Erkenntnis führt, dass sich Outsourcing und Prozessoptimierung nahtlos miteinander verbinden lassen.

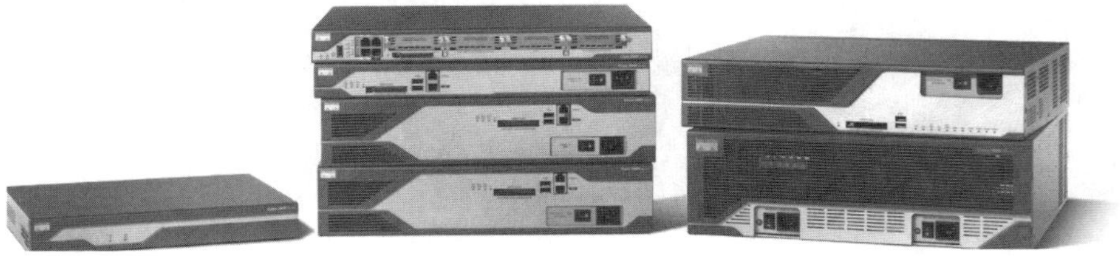

Router für Managed Services: Integrated Services Router der 1800er, 2800er und 3800er Serien.

Keine Frage ist es, dass sich die Telekommunikations-Anbieter weltweit die Netzwerk-Konvergenz auf ihre Fahnen geschrieben haben. Dabei geht es ihnen zum einen darum, Unternehmensstandorte über Ländergrenzen hinweg kostengünstig und sicher vernetzen zu können, zum Beispiel via abgeschirmte VPNs mit skalierbarer Kapazität. Zum anderen bauen sie auf der Basis von IP mit Hochdruck zusätzliche Angebote auf, die exakt den eingangs umrissenen Bedarf fokussieren.

Die Architektur des Cisco IP Next Generation Network (IP NGN) fokussiert daher im Wesentlichen auf drei Konvergenz-Felder, die für Service Provider heute entscheidend sind: Netzwerk-Konvergenz, Service-Konvergenz und Applikations-Konvergenz. Weltweit nutzen immer mehr Service Provider die Cisco-Architektur mit ihrem IP Next Generation Network (NGN), um sich dadurch Wettbewerbsvorteile und neue Geschäftsfelder zu erschließen. Dabei stellt IP-Telefonie eine signifikante Applikation dar.

Telekommunikations-Anbieter rüsten sich für IP

Vorreiter dieses Trends in Europa ist die British Telecom. Das Unternehmen spricht sogar von einer «IP Revolution» und will die eigene Infrastruktur bis 2008 vollständig auf IP umrüsten. Cisco IP Communications ist ohnehin längst ein fester Bestandteil des Kommunikations-Portfolios von BT. Auch in Österreich und der Schweiz haben die alteingesessenen Telefongesellschaften erkannt, dass sie rückläufige Umsätze im Festnetz-Geschäft am ehesten durch neue, IP-basierte Geschäftsmodelle kompensieren können. Die Telekom Austria hat deshalb ihren Service zur standortübergreifenden Unternehmens-Vernetzung um den Sprachdienst Telekom Austria IP Voice Services erweitert. Telekom Austria IP Voice Services stützt sich auf Technologie von Cisco. Ebenso setzt Swisscom im Geschäftskunden-Bereich verstärkt auf IP-Telefonie. Bis Anfang 2005 hatten die Konzernbereiche Swisscom Systems und Enterprise Solutions bereits 15.000 IP-Telefone bei Kundenunternehmen installiert.

Ein weiteres Beispiel: Telefónica, einer der größten Anbieter für IP-basierte Sprach- und Datendienste Deutschlands, offeriert diverse IP-Telefonie-Lösungen – wobei sich das Portfolio aufteilt in Angebote für kleine und mittelständische Firmen, Großunternehmen, Service Provider und Carrier. Das Netzwerk von Telefónica basiert auf IP-Technologie unter anderem von Cisco Systems; der IP-Spezialist ist eines der ersten Unternehmen in Deutschland, das IP-Telefonie bundesweit anbietet. Bereits seit mehr als drei Jahren wickelt die Telefónica Deutschland GmbH sämtliche eigenen internen und externen Telefonate ausschließlich über das Internet-Protokoll ab.

Ähnliche Wege beschreiten auch regionale und alternative Carrier: Beispielsweise hat NetCologne – Anbieter im Großraum Köln – das eigene Zugangsnetz modernisiert, um den Kunden künftig auch Voice over IP anbieten zu können. So wird sich der Auslagerungstrend von IP-Kommunikationsdiensten auch auf Kundenseite sehr schnell durchsetzen – davon sind auch die Analysten von Frost & Sullivan überzeugt: Bis 2008 werden die Erlöse allein in diesem Marktsegment auf 1,23 Milliarden Euro ansteigen. Zum Vergleich: 2003 lagen sie noch bei nur 46 Millionen Euro.

Als treibende Faktoren für die Akzeptanz von **Hosted IP-Telefonie** identifiziert eine Analyse des Marktforschungs-Unternehmens …

- die Anwendung offener Standards,
- ein wirkungsvolles Netzwerk-Management sowie
- Beständigkeit der angebotenen Services.

Zudem beobachtet Frost & Sullivan ein wachsendes Bewusstsein hinsichtlich des Wert-Beitrags, den IP-Telefonie im Unternehmen leistet.

Die bereits im ersten Kapitel zitierte TechConsult-Studie «IP-Telefonie in deutschen Unternehmen, Organisationen und Verwaltungen» nimmt auch zum Thema IP-Service-Auslagerung Stellung: Sie arbeitet unter anderem heraus, dass überdurchschnittlich viele mittelständische Unternehmen in der Größenordnung von 200 bis 500 Mitarbeitern Voice over IP nutzen würden, sofern sie IP-Telefonie als Dienstleistung von einen Provider beziehen könnten. Und auch Industrie-Unternehmen zeigen großes Interesse am Outsourcing / Outtasking ihrer Kommunikations-Infrastrukturen, fand die Studie heraus.

Managed IP- versus Hosted IP-Services

Grundsätzlich sind zwei verschiedene Formen der Auslagerung von IP-Telefonie zu unterscheiden: Managed und Hosted IP-Telefonie. Managed IP bezeichnet ein Modell, bei dem das Equipment im Kundenbesitz verbleibt, während Netz-Anbindung, Betrieb und Management einem spezialisierten Anbieter übertragen werden. Die zweite Variante – Hosted IP – ist umfassender, weil der Provider hierbei auch die gesamte Hardware zur Verfügung stellt: Endgeräte werden gemietet, Server zum Betrieb des CallManager und anderer Anwendungen betreibt der Anbieter vollkommen unabhängig vom Kundenstandort in Eigenregie.

Hosted IP bietet sich insbesondere für Mittelständler an, die ohne finanzielle und konzeptionelle Vorleistungen sofort IP-Telefonie einsetzen wollen. Der offensichtlichste Vorteil: Sie profitieren von einer technologischen Ausstattung und einem spezialisierten Know-how, wie es kaum ein Einzelunternehmen zu wirtschaftlich vernünftigen Konditionen aufbauen könnte. Sie gehen keinerlei technologische Risiken ein. Statt schwer kontrollierbarer, weil komplex zusammengesetzter Systemkosten zahlen sie monatliche Servicepreise und gegebenenfalls verbrauchsabhängige Gebühren.

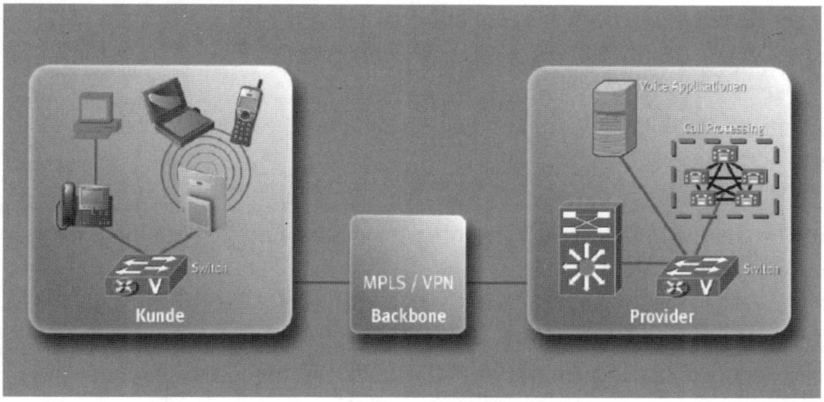

Hosted IP-Telefonie schematisiert.

Andererseits muss es einem Unternehmen beim Hosted IP-Modell gelingen, seinen individuellen Kommunikationsbedarf dem Service-Portfolio eines Anbieters anzupassen. Mit anderen Worten: Managed IP verlangt zwar mehr Eigenleistung (nämlich Investitionen in eigenes Equipment), hält dafür aber auch einen breiteren Gestaltungsfreiraum offen.

Zu prüfen ist außerdem, ob die Summe der laufenden Mietzahlungen über den gesamten Abschreibungszyklus der Hardware hinweg die einmaligen Anschaffungs- plus zugehörige Kapital-Kosten überschreitet. Das kann sich bei einem Server zum Beispiel anders verhalten als bei einem Router oder den Endgeräten. In solchen Fällen stellt sich die Frage, ob der Provider bereit (und sein Portfolio flexibel genug) ist, Hosted und Managed IP-Services genau nach Kundenwunsch zu kombinieren.

Hier nun zehn gute Gründe für Managed Services als Übersicht:

Senkung der Betriebs- und Kapital-Kosten
Nutzung der modernsten Netzwerk- und IT-Technologien, ohne dabei die eigenen Kernkompetenzen aus dem Blick zu verlieren
Straffung, Integration und Standardisierung der Netzwerk-Ressourcen für effektivere Geschäftsprozesse
Ausweitung des Netzwerks für Kunden, Partner und alle Teilnehmer der Wertschöpfungskette
Verlagerung des Risikopotenzials zum Service Provider
Schneller Übergang zu IP-Telefonie, Integration der Computer-Telefonie sowie Sprach- und Daten-Konvergenz
Aufbau einer robusten, zuverlässigen IP-Infrastruktur für fortschrittliche, verteilte Anwendungen, Multimedia und Peer-to-Peer-Computing
Übergang zum Real Time Enterprise (RTE) durch geringere Verzögerungen in den internen Prozessen und im Informationsfluss
Maximale Transparenz von Systemen, Kapazität und Fehlern der IT- und Netzwerk-Ressourcen – für bessere Entscheidungen und gezielte Kontrolle des IT-Bereichs
Virtualisierung von IT-Vermögenswerten und damit schnellere Reaktionsmöglichkeit auf dynamischen Märkten.

Cisco Powered Network

Cisco Systems unterstützt alle Service Provider, die zum Beispiel IP-Telefonie als ausgelagerte Dienstleistungen anbieten – und zwar durch das Programm Cisco Powered Network (CPN).

Cisco® Powered Network

Ein Gütesiegel für Qualität: das Cisco Powered Network.

Das Programm verbindet Technologien, Applikationen und vor allem eine wachsende Partner Community. Bei der Suche nach einem Dienstleister für Managed Services sollten Unternehmen auf den Begriff «Cisco Powered» achten. Denn er steht für:

- Umfassende Netzwerk-Technologien aus dem Hause Cisco;
- Fortschrittliche Netzwerk-Designs und Planungsmethoden;

- Höchste Standards und exzellenten Betrieb;
- Beste Qualität im Bereich Kundendienst und -support.

So garantiert zum Beispiel das Qualitätszertifikat «IP VPN Multiservice QoS Certification», dass ein Service Provider sämtliche Netzwerk-Dienstleistungen auf einer durchgehenden Ende-zu-Ende-Infrastruktur von Cisco aufbaut; wobei auch alle Third-Party-Komponenten die hohen QoS- und Best-Practice-Standards von Cisco erfüllen müssen. Eingeschlossen sind zudem höchste Performance-Anforderungen, wie sie für den interkontinentalen Echtzeit-Transport von Sprach- und Video-Paketen erforderlich sind.

Konkret umfasst «IP VPN Multiservice QoS Certification» unter anderem folgende Qualitäts-Anforderungen:

- höchstens 150 Millisekunden One Way Delay für Sprach- und Video-Pakete;
- maximal 30 Millisekunden One Way Jitter für Sprach- und Video-Datenströme;
- maximal 1 Prozent Paketverlust für Sprach- und Video-Traffic.

Wer sich für einen Anbieter mit dem Gütesiegel «Cisco Powered» entscheidet, kann sich sicher sein, dass seine Netzwerk-Anwendungen auf bestmöglicher Technologie und Expertise basieren.

Der Begriff «Cisco Powered Network» gibt Unternehmen die Gewissheit, dass ihre netzwerkgestützten Prozesse zuverlässig laufen. Eine aktuelle Liste der von Cisco Systems empfohlenen Service Provider findet sich im Internet unter www.cisco.com/cpn.

Service Level Agreements

Eine detaillierte Analyse des gegenwärtigen und künftigen Kommunikationsbedarfs ist sowohl bei Managed als auch bei Hosted IP unumgänglich. Die Verträge sollten den gesamten Lebenszyklus der Dienstleistung umfassen, also neben präziseren Leistungsbeschreibungen auch die Modalitäten des Vertragsendes, Konditionalstrafen, Eskalation und Schlichtung festschreiben. Wichtig ist es, auf die Skalierbarkeit des gebuchten Service zu achten. Wächst zum

Beispiel die Zahl der Mitarbeiter, sollte der Kommunikationsservice möglichst stufenlos mitwachsen können.

Besonderes Augenmerk ist zudem auf **Stabilität** und **Verlässlichkeit** zu richten. Denn die Unterbrechung der Kundenkommunikation kann unter Umständen katastrophale geschäftliche Folgen haben. Die Verfügbarkeit für jede Einzelleistung wird durch so genannte Service Level Agreements, kurz SLA, geregelt. Eine einfache Prozentzahl – etwa 99,7 Prozent Verfügbarkeit – genügt hier aber nicht, auch Reaktions- und Entstör-Zeiten sollten für den Fall der Fälle vertraglich vereinbart werden.

Entscheidend bei der Definition von SLAs ist die Aussagekraft der Parameter, welche die vom Kunden wahrgenommene Qualität der Dienstleistung beschreiben: Eine noch so imposante Backbone-Leistung beim Service Provider sagt beispielsweise wenig aus über die Performance, die am Kundenstandort tatsächlich ankommt. Auch über Art und Methode der Qualitätsmessung sollte im Vorfeld des Vertrages Einigkeit erzielt werden.

Selbstverständlich hat Servicequalität auch immer ihren Preis. Im Sinne der Kostenbegrenzung kommt es darauf an, das richtige Maß zu finden: Überdimensionierung kostet unnötig Geld, zu wenig Servicequalität gefährdet die Business Continuity. Man könnte in diesem Zusammenhang von der Notwendigkeit einer *skalierbaren* Qualität sprechen. Einige Provider bieten beispielsweise unterschiedliche Verkehrsklassen an, so dass für Voice oder Video over IP höhere, und für weniger zeitkritische Datentransfers entsprechend geringere Performance- und Verfügbarkeits-Werte gebucht werden können.

Die besten Service Level Agreements (SLAs) sind diejenigen, die unter Berücksichtigung der wichtigsten Geschäftsanwendungen erstellt werden. Ein SLA sollte immer auf die spezifischen Bedürfnisse der Benutzer und Anwendungen zugeschnitten sein. Zudem müssen SLAs jederzeit überprüfbare Kriterien enthalten; nur so lassen sie sich im Geschäftsalltag durchsetzen. Unpräzise SLAs schaden mehr als sie nutzen. SLAs sollten auf Veränderungen im Netzwerk vorbereitet sein. Welche Messgröße und -methode ein SLA im Einzelfall festschreibt, hängt vom konkreten Managed Services ab. Beispielsweise sollten SLAs für Managed IP VPNs genaue Werte für Netzwerk-Verzögerung, Paketverlust, Jitter und Fehlerbehebungs-Zeiten enthalten. Bei einem SLA für Network Storage hingegen bieten sich die verfügbaren Speicherlevels, Zugangsgeschwindigkeiten zu Datenträgern, RAID-Redundanz sowie Backup- und Archivierungs-Frequenz als Messgrößen an, während bei einem Voice over IP-SLA Qualitätsmerkmale wie Gesamtlatenz, Sprach-Bandbreite, Echolevel, Einstellzeiten für Anrufe und Rufumleitungs-Zeiten von Bedeutung sind.

Mit SMART IP Voice Service werden sämtliche Telefonate per Internet Protokoll (IP) über das Datennetz des Unternehmens übertragen. Das bietet weit mehr Funktionen und ist deutlich wirtschaftlicher als herkömmliche Telefonanlagen.

Keine Investitionskosten.

Die komplette Technologie hostet, wartet und stellt Telekom Austria für Sie bereit. Die Abrechnung erfolgt auf einer monatlichen Gebührenbasis. So ersparen Sie sich teure Investitionen.

Keine unternehmensinternen Gesprächsgebühren.

Telefonate zwischen den Niederlassungen sind gebührenfrei. Dazu bezahlen Sie nur das, was Sie tatsächlich nutzen. Pro Anschluss und entsprechend der Dienste, die Sie benötigen.

Proaktive Fernüberwachung.

Telekom Austria überwacht Ihre Anlage rund um die Uhr. Ausgefeilte Frühwarnsysteme garantieren Ausfallsicherheit. Hochqualitative Hardware von Cisco sorgt zusätzlich für den perfekten Betrieb.

Keine Kosten bei Umzügen oder Personaländerungen.

Sämtliche Moves, Adds und Changes erledigt der Mitarbeiter oder der Administrator selbst. Sie benötigen bei Änderungen keine Spezialisten mehr um die TK-Anlage umzuprogrammieren.

Prozessoptimierung durch CTI.

Die Integration per CTI (computer telephony integration) steigert Ihre Produktivität. Die Telefonie kann dazu ein fester Bestandteil eines Unified Messaging System sein, in dem sämtliche Kommunikationselemente wie Faxe, E-Mails und Sprachnachrichten zentral über ein Postfach laufen.

Große Auswahl an Cisco IP Telefonen.

Telekom Austria bietet Ihnen Cisco IP Telefone für jeden Bedarf Ihrer Mitarbeiter.

Productivity Solutions | Hotline: 0800 100 800 business.telekom.at

Unabhängig vom Typ der vereinbarten Dienstleistung können SLAs jedoch nur auf Basis transparenter Informationen über die Gesamtleistung des Netzwerks durchgesetzt werden. Ein Service Provider sollte daher regelmäßig Statusmeldungen zum Netzbetrieb liefern. Zudem gilt es, die Qualitätskriterien für Managed Services möglichst anwendungsnah zu definieren, denn isolierte Leistungs-Kennziffern ohne Bezug zu einem konkreten Geschäftsprozess haben meist auch keinen konkreten Effekt.

Praxisbeispiel: BCC (Kommunikation)

Wie versetzen sich Service Provider konkret in die Lage, differenzierte SLAs umzusetzen und so skalierbares Outsourcing von Voice over IP für unterschiedliche Zielgruppen anbieten zu können? Dazu ein Beispiel aus der Praxis: Bei der in Braunschweig ansässigen und bundesweit agierenden BCC Business Communication Company GmbH bildet ein so genanntes MPLS-Netzwerk (MPLS = Multi Protocol Label Switching) die Grundlage für medienbruchfreie Kommunikationslösungen. In einem MPLS-Netz werden Datenpakete nicht nur über ihre IP-Adresse, sondern anhand so genannter Labels transportiert. An solche Labels (etwa an diejenigen für Sprachpakete) lassen sich zusätzliche Transport-Prioritäten heften. Der Effekt: Telefonie-Anwendungen können immer mit festen Bandbreiten rechnen, weil Multimedia-Pakete stets Vorfahrt haben – egal wie viele Anwendungen und Datenströme in einem gegebenen Augenblick gerade um die verfügbare Netzkapazität konkurrieren. Zudem lassen sich die MLSP-Labels auch deutlich schneller auswerten als IP-Adressen, wovon die Netz-Performance profitiert. Bei BCC übernehmen drei Cisco Call-Manager das zentrale Gesprächsmanagement der Kunden und ersetzen dort herkömmliche Telefonanlagen. Neben reinrassiger IP-Telefonie bietet BCC auch hybride Lösungen an, wobei die vorhandene Telekommunikations-Technik über das Protokoll H.323 eingebunden wird.

Über Datenleitungen können die Mitarbeiter der Unternehmenskunden von BCC sogar über einen ganz normalen DSL-Anschluss von ihrem Home Office aus gebührenfrei telefonieren. Möglich ist das dank leistungsfähiger Sprachkompression gemäß G.711 Codex, der als Standard im CallManager implementiert ist. Gleichwohl ist die Sprachqualität absolut businesstauglich – weit besser als bei üblichen Handy-Telefonaten. Die Verbindungen sind so zuverlässig, dass BCC die eigenen Kundenbetreuungs-Gespräche via DSL-Anschluss der Deutschen Telekom von zuhause aus führen lässt. Eigenen Angaben zufolge sparen BCC-Kunden durch die Auslagerung ihrer Kommunikations-Infrastruktur sowohl bei den fixen als auch bei den variablen Kosten bis zu 50 Prozent.

Kostenersparnis ist aber nicht der einzige Vorteil des Outsourcing-Angebots von BCC. Hinzu kommen Synergieeffekte, weil das Service-Portfolio neben

Vernetzung und IP-Telefonie zum Beispiel auch die Übernahme windowsbasierter Bürokommunikation enthält. Ein eben sich gründendes Unternehmen kann demnach Computer plus Office-Applikationen, E-Mail, Internet, Telefon und einen firmeneigenen Rufnummern-Plan beim selben Anbieter ordern. Gerade in der Anfangsphase haben die Mitarbeiter der neuen Firma ohnehin alle Hände voll zu tun – allein schon um sicherzustellen, dass die Geschäftsprozesse für das anvisierte Business möglichst schnell Gestalt annehmen. Hier wird auch deutlich, dass die viel zitierte Möglichkeit zur «Konzentration auf die eigenen Kernkompetenzen» alles andere als eine leere Floskel ist, sondern im Gegenteil ein essentieller Gewinn sein kann. Denn weder wird eine eigene DV-Crew benötigt, noch muss mit Investitionen in Voice over IP-fähige Netz-Infrastrukturen in Vorleistung gegangen werden. Stattdessen wird Kommunikation – einschließlich hochwertiger Cisco IP-Phones – als externer Service zu kalkulierbaren monatlichen Kosten bezogen. Besonders wichtig, weil unter Umständen wettbewerbsrelevant: Das hohe Tempo, mit dem ein Anbieter wie BCC professionelle Business-Kommunikationslösungen umsetzen kann.

Praxisbeispiel: T-Systems

T-Systems offeriert individuell zugeschnittene «Customer based IP Voice Solutions» für IP-basierte Telefonie. Kernstück des Angebots ist eine IP-Telekommunikations-Anlage, die praktisch alle aus der ISDN-Welt gewohnten Leistungsmerkmale bereitstellt. Künftig werden weitere netzbasierte Dienste wie browsergestütztes Audio Conferencing, IP Communication Center-Lösungen und «sprechende» Web-Portale integriert. Die Lösung kann sowohl beim Kunden installiert als auch zentral in einem T-Systems-Rechenzentrum betrieben werden, steht also wahlweise als Managed oder Hosted Service zur Verfügung.

Kundenunternehmen können unter verschiedenen Service Levels – zum Beispiel hinsichtlich der Verfügbarkeit und Performance – auswählen. Dank Fernwartung wird technisches Fachpersonal vor Ort beim Kunden nicht benötigt.

Neben zentralem Anrufmanagement und IP-fähigen Endgeräten bilden so genannte Gateways die dritte Säule der Lösung: Gateways schlagen die Brücke zwischen IP- und öffentlichem Telefonnetz. Sie können an einem oder mehreren Standorten installiert sein, wodurch sich eine Balance herstellen lässt zwischen den Kosten für die Gateways und den Gebühren-Einsparungen dank Least Cost Routing.

Praxisbeispiel: Swisscom und Telekom Austria

Den Hosted IP-Service von Telekom Austria nimmt beispielsweise Volvo Trucks Austria – die österreichische Dependance des weltweit zweitgrößten Herstellers schwerer LKW – in Anspruch. Die Mitarbeiter verschiedener Vertriebs-Niederlassungen und Werkstätten kommunizieren hierbei via Telekom Austria IP Voice Services; der IP-Telefonie-Service von Telekom Austria stützt sich auf das eigene leistungsfähige MPLS Netzwerk. Volvo Austria ist nunmehr unter der einheitlichen Rufnummer 05 75 00 österreichweit erreichbar. Die Telekom Austria ist der größte Telekommunikations-Anbieter Österreichs und zählt mit rund 3,9 Milliarden Euro Umsatz und etwa 15.000 Beschäftigten zu den bedeutendsten Konzernen des Landes. 2004 kürte Cisco Systems das Unternehmen zum «IP Telephony Partner of the Year».

Wie die Swisscom ihre Unternehmenskunden mit maßgeschneiderten Outsourcing-Angeboten unterstützt, zeigt der Umzug der schweizerischen Unaxis Management AG nach Pfäffikon nahe Zürich. Der Unaxis Konzern ist weltweit führender Anbieter spezialisierter Lösungen auf der Basis von Dünnschicht- und Vakuum-Technik. Die Vernetzungs-Lösung von Swisscom kombiniert IP-Telefonie mit dem LAN Switching Service; sie umfasst also Design, Implementierung, Unterhalt und Wartung des lokalen Netzes *und* Voice over IP. Unaxis benötigt dadurch zum Beispiel keine eigene Netzwerk-Crew mehr.

Praxisbeispiel: Telefónica – Interconnection für Carrier

Ein weiteres Beispiel: Telefónica, einer der größten Anbieter für IP-basierte Sprach- und Datendienste Deutschlands, offeriert diverse IP-Telefonie-Lösungen – wobei sich das Portfolio aufteilt in Angebote für kleine und mittelständische Firmen, Großunternehmen, Service Provider und Carrier. Das Netzwerk von Telefónica basiert auf IP-Technologie unter anderem von Cisco Systems; der IP-Spezialist ist eines der ersten Unternehmen in Deutschland, das IP-Telefonie bundesweit anbietet. Bereits seit mehr als drei Jahren wickelt die Telefónica Deutschland GmbH sämtliche eigenen internen und externen Telefonate ausschließlich über das Internet-Protokoll ab.

Telefónica Deutschland setzt den Cisco PGW 2200 Softswitch für Voice over IP-Transit-Services ein. Darin sind Anbindungen an das nationale Telefonnetz der Deutschen Telekom und zu internationalen Carriern ebenso eingeschlossen wie Verbindungen zum internationalen Netzwerk von Telefónica. Als erster Softswitch in Deutschland kann der PGW 2200 Verbindungen in das Netz der Deutschen Telekom gemäß SS7 herstellen. SS7 steht für *Signalling System 7* und bezeichnet ein standardisiertes Kommunikations-Verfahren zur Überbrückung länderspezifischer Signalisierungen. Bildlich gesprochen handelt es sich bei einem SS7-fähigen Softswitch also um ein mehrsprachiges Gateway, im Konkreten den Cisco AS5000.

Carrier, die diesen Service von Telefónica in Anspruch nehmen, können den eigenen Kunden IP-Telefonie auf Basis von Breitband-Anschlüssen anbieten. Dafür stehen ihnen alle Access Services – von ADSL über SDSL bis hin zur Leased Line von Telefónica – zur Verfügung, wobei die Bandbreite skaliert werden kann. Interessant zum Bespiel für Strom- und Kabel-Netzbetreiber, die ihr Kerngeschäft ausweiten und einen alternativen Last Mile Access umsetzen wollen: Die Anbindung zum Kunden («Letzte Meile») ist durch das eigene Netz bereits gegeben.

Was neu hinzukommt, ist Anschaltung an das Netz von Telefónica. Der Carrier übergibt nun seinen gesamten Sprach- und Daten-Verkehr an das Netz von Telefónica. Für die Weiterleitung an nationale oder internationale Telecom-Netze sorgt demzufolge Telefónica. Die Überwachung der Voice over IP-Technik rund um die Uhr wird durch ein Network Control Center (NCC) der Telefónica sichergestellt.

Fazit

Dank flexibler Auslagerungs-Optionen – den hier vorgestellten Managed oder Hosted Services – müssen Unternehmen weder hohe Einstiegs-Investitionen leisten noch über speziell qualifiziertes Personal verfügen, um IP-Telefonie einzusetzen. Immer mehr Service Provider bieten Voice over IP als externe Dienstleistung an, die bei den Kunden Kommunikationskosten senkt, mehr Produktivität und optimierte Kundenbeziehungen ermöglicht.

Service Provider selbst profitieren durch den Aufbau neuer Geschäftsmodelle, die ihnen neue Kundengruppen erschließen, ihr Portfolio zukunftsfähig macht und damit ihre Wettbewerbssituation verbessert. Cisco unterstützt die Markt-Differenzierung (die letztlich immer den Kunden zugute kommt) durch systematische Partner-Zertifizierung. Denn auch beim Outsourcing gilt: Interoperabilität und offene Standards sind die beste Zukunfts-Versicherung für Investitionen in innovative Netzwerk-Technologie.

6 Wie wir in Zukunft telefonieren werden

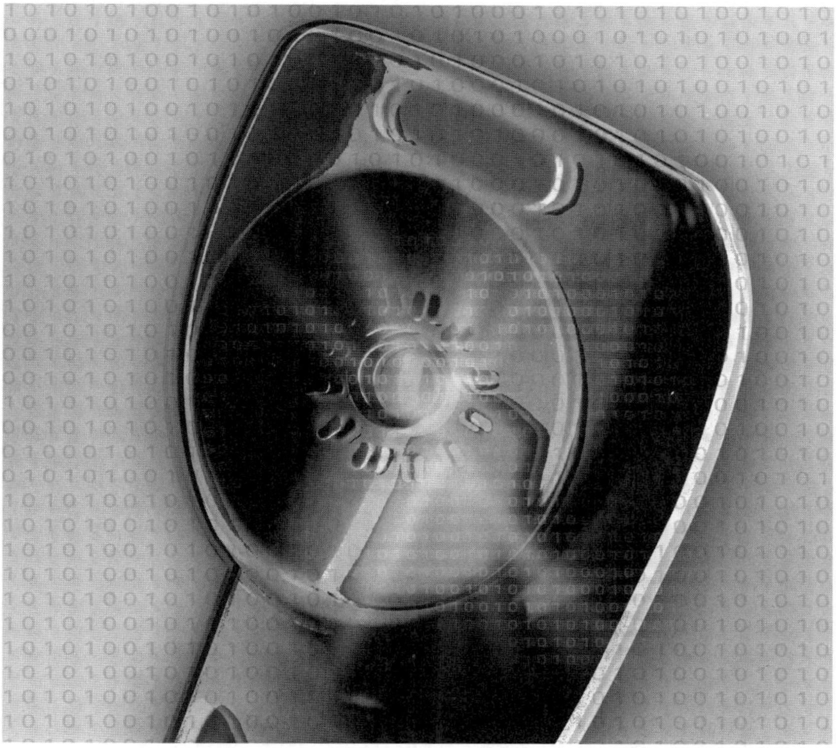

Die Konvergenz intelligenter Kommunikations-Netze beschränkt sich nicht mehr nur auf isolierte Unternehmens-Netze – wie das vorangegangene Kapitel zeigt, erfasst die Dynamik inzwischen auch immer mehr Telefongesellschaften und Service Provider. Von kabelgebundenen Infrastrukturen ausgehend, übernimmt das Internetprotokoll zusehends auch in Mobilfunk-Netzen die Rolle eines Katalysators für die Zusammenführung von Sprach- und Daten-Kommunikation.

Unverkennbar kündigt sich ein grundlegender Paradigmenwechsel an, der die private ebenso wie die Geschäftskommunikation betrifft. Das vorliegende letzte Kapitel kreist deshalb auch um die aussichtsreichsten technologischen Trends der Gegenwart. Es beschäftigt sich dabei vorrangig mit solchen Markt-Tendenzen, die in der Zukunft einen sichtbaren Mehrwert für Endkunden und Unternehmen versprechen.

Wie wir in Zukunft telefonieren werden

Wohin führt uns die technologische Entwicklung? In Sachen intelligenter Kommunikations-Netze ist die Richtung klar – hin zu uneingeschränkter mobiler Kommunikation:

- einfacher,
- preisgünstiger und
- deutlich leistungsfähiger als heute.

Die Handys von morgen werden die einheitliche Schnittstelle für Unified Communication sein – einschließlich der Video-Telefonie. Netzwerke treten aus Sicht der Nutzer in den Hintergrund.

Mobil-Telefonie ersetzt heute teilweise schon die Festnetz-Telefonie.

Klar zeichnet sich am Horizont das Ziel dieser Bewegung ab: **Ein Endgerät**, das alle Kommunikations-Plattformen beherrscht – egal, ob hergebrachter Mobilfunk, UMTS, Wireless LAN oder Übertragung im Festnetz.

Status Quo

Noch müssen Nutzer mit einer Vielzahl unterschiedlicher Netztypen zurechtkommen: Unterwegs telefonieren Sie mit dem Handy über GSM, senden digitale Bilder per MMS (Multimedia Message Service) oder empfangen E-Mails via GPRS (General Packet Radio Service). Im Büro und zu Hause surfen Sie per ISDN oder DSL im Internet, während für Gespräche hier meist noch traditionelle Telefone – entweder kabelgebunden oder schnurlos gemäß DECT-Standard – im Einsatz sind. Wer zusätzlich einen mobilen Taschencomputer nutzt, verliert zudem Zeit (und mitunter auch Informationen) beim Abgleich des mobilen Adressbuchs oder Terminkalenders mit dem Notebook oder Desktop, beispielsweise über Bluetooth.

Mit dem Telefon kann man heute schon mehr als nur Telefonieren. Ein Vorteil vor allem in Bereichen, wo Telefone, aber keine PCs vorhanden sind.

Je mehr Geräte, desto mehr technisches Know-how ist erforderlich – und desto mehr Rechnungen müssen monatlich an diverse Anbieter überwiesen werden. Die Gebühren für ISDN- plus DSL-Anschluss, Internetzugang und Mobiltelefon ergeben nicht selten Beträge, die in den zweistelligen Prozentbereich des verfügbaren Monatsbudgets reichen. Das ist jedoch viel zu hoch, um einen breiten Massenmarkt für innovative Services zu gewinnen. Auch deshalb suchen so viele Telekommunikations-Anbieter nach Wegen, technische Restriktionen abzubauen und die Kosten für Bereitstellung und Betrieb von Basisdiensten im Sinne einer Phone-Flatrate zu senken. Wie im vorigen Kapitel gezeigt, setzen sie dabei verstärkt auf IP-Telefonie.

Konvergenz der Endgeräte

Darauf reagieren die Gerätehersteller: Der Markt bietet bereits erste Handys, die sowohl in herkömmlichen Mobilfunk-Netzen als auch im Wireless LAN genutzt werden können. Beispiele für derartige Kombigeräte sind der Nokia 9500 Communicator oder der von Motorola angekündigte MPx. Beide Geräte sind nicht nur Tri-Band-Handys, die also ebenso gut im 900- wie im 1800- beziehungsweise 1900-Megahertz-GSM-Band genutzt werden können; darüber hinaus unterstützen sie auch den mehrfach erwähnten Wireless LAN Standard IEEE 802.11b. Mit dem Nokia 9500 Communicator kann ein Außendienstler außerdem über eine sichere VPN-Verbindung mit IPSec-Verschlüsselung (siehe Kapitel 2) an einem Wireless Hot Spot auf unternehmenskritische Daten in seiner Firma zugreifen.

Bis heute hat die *Wi-Fi Alliance* (WFA) fünf WLAN-fähige Handys und PDAs (Personal Digital Assistant) zertifiziert; neben dem Motorola MPx und Nokia 9500 Communicator sind das der Hewlett Packard Pocket PC h6315 sowie der Intermec 760 Mobile Computer und die SanDisks Connect Wi-Fi SD Card. Diese Non-Profit-Organisation – der neben Cisco Systems, Microsoft, Dell und Sony rund 200 weitere namhafte Hersteller angehören – forciert zudem den Trend: Die WFA hat eigens eine «Wi-Fi/Cellular Convergence (WCC) task group» ins Leben gerufen; sie soll die Standardisierung der Kombinationsgeräte auf das gleiche Niveau heben, wie es die Kunden auch von reinen WLAN-Geräten gewohnt sind.

Hot Spots und nahtloses Roaming

Dass der finnische Gerätehersteller Nokia beim 9500 Communicator auf den Einbau eines UMTS-Moduls zugunsten von Wireless LAN verzichtetet hat, dürfte einen nicht unwesentlichen Grund im rasanten Wachstum der Anzahl von Wireless Hot Spots haben. Sie beläuft sich weltweit auf deutlich über 50.000 Bereiche. Davon entfallen allein auf die U.S.A. gut 24.000; Deutschland rangiert mit fast 5.500 nach Großbritannien auf Platz 3. Immer häufiger lassen sich auf Flughäfen, im Hotel und in Internet-Cafes clevere Anwender beobachten, die an einem solchen Hot Spot via Notebook und Wireless LAN telefonieren, während ihr Handy ungenutzt daneben liegt. Auf ihrem Rechner ist ein Softphone installiert (zum Beispiel der in Kapitel 4 beschriebene Cisco IP Communicator). Per Datenfunk können sie in vielen Fällen – etwa mit ihrer Firmenzentrale – gratis telefonieren. So mancher Geschäftsreisende im Ausland spart auf diese Weise die teuren Roaming-Gebühren, die für Gesprächs-Vermittlungen zwischen Mobilfunk-Netzen verschiedener nationaler Betreiber ansonsten anfallen würden.

Roaming gibt auch das Stichwort für die nächste wichtige Zukunftsaufgabe: Nämlich das nahtlose Roaming zwischen Mobilfunk-Zellen unterschiedlicher

Couleur und Wireless LAN-Umgebungen. Der Verbraucher muss dann nicht mehr darüber nachdenken, in welcher Art von Netz-Umfeld er sich im Augenblick gerade aufhält. Problemlos kann er bei laufendem Gespräch zum Beispiel einen Wireless LAN Hot Spot gemäß IEEE 802.11b verlassen – sein intelligentes Kombinationshandy wechselt dann je nach Verfügbarkeit automatisch zu GSM oder UMTS. Wie gesagt: ohne Beeinträchtigung oder gar Unterbrechung des Gesprächs.

Interoperabilität – und das herstellerunabhängig

Die Forderung nach Konvergenz beschränkt sich aber keineswegs nur auf Endgeräte, etwa Smart Phones; sie erstreckt sich ebenso auf Computer- und Kommunikations-Netze wie auf Steuerungs- und Sicherheits-Netze im Gebäude.

Den Experten im Berliner Kompetenzzentrum «Smart Environments» des Fraunhofer Instituts für Offene Kommunikations-Systeme *(FOKUS)* gilt IP-Technologie dafür als eine zukunftsfähige Basistechnologie. Ziel der Forscher ist die universelle Heim-Vernetzung **auf Basis etablierter Standards.** Denn reibungslose Kommunikation zwischen den verschiedenen Endgeräten vom …

- Autoradio über
- Set Top Box,
- Computer und
- Netzwerk-Festplatte bis hin zu
- Digitalkameras oder
- Internetradio

… setzt herstellerunabhängige Interoperabilität voraus. Nur so können möglichst viele, auch kleine und junge Unternehmen in die Marktentwicklung neuer multimedialer Mehrwert-Dienste einbezogen werden.

Standards sind Voraussetzung für eine reibungslose Kommunikation von Geräten untereinander.

Und nur so lässt sich die Akzeptanz bei Endverbrauchern und Geschäftskunden sicherstellen.

Investitions-Schutz: Der Kompass in Richtung Zukunft

Diese These bestimmt auch die Innovationsstrategie von Cisco Systems. Der Fokus liegt auf der Möglichkeit zur medienübergreifenden Vernetzung auf der Basis intelligenter Netzwerke – den IP Next Generation Networks (NGN). Das Konzept schließt aktuelle Standards und Technologien ein. Denn Zukunft gewinnt nur, wer frühere und gegenwärtige Investitionen dauerhaft schützt.

Aus dieser Sicht zeichnet die Standardfamilie IEEE 802.11 den geradesten Weg in die anvisierte mobile Breitband-Kommunikation vor. Die heutigen Kapazitäts-Limits von 11 Megabit pro Sekunde (IEEE 802.11b) können bereits als überwunden gelten: In Deutschland hat die Regulierungsbehörde für Post und Telekommunikation schon 2002 eine Allgemeinzulassung für die Wireless LAN-Nutzung von zwei Frequenzbändern im 5 Megahertz-Bereich erteilt. Damit ist der Weg frei zum Beispiel für den Standard IEEE 802.11a (beziehungsweise h), der Informationen mit bis zu **54 Megabit in der Sekunde** überträgt.

Mit IEEE 802.11c steht ein leistungsfähiger Standard zur drahtlosen Koppelung unterschiedlicher Netzwerk-Topologien per Wireless LAN zur Verfügung. Als «World Mode» wird der Substandard mit der Erweiterung «d» bezeichnet –

denn er sorgt dafür, dass nationale und regionale technologische Unterschiede für Endverbraucher bedeutungslos werden: Egal welche Übertragungsmodi und konkreten Frequenzkanäle (IEEE 802.11 a, h, b oder g) in einem bestimmten Land für Wireless LAN zugelassen sind – der Nutzer spezifiziert lediglich seinen aktuellen Aufenthaltsort, und sein Gerät arbeitet automatisch mit den jeweils gültigen Standards.

Das Roaming zwischen Funkzellen unterschiedlicher Basis-Technologien rund um IEEE 802.11 ist ebenfalls bereits geregelt, nämlich durch IEEE 802.11f. Zu nennen ist schließlich der Substandard IEEE 802.11g, der vollkommen abwärtskompatibel mit dem weit verbreiteten Standard IEEE 802.11b ist – aber fast fünfmal soviel Bandbreite ermöglicht. Im Ergebnis lassen sich IEEE 802.11g-fähige Router oder Access Points (etwa ein Produkt der Cisco Aironet-Serie) problemlos in bestehende Wireless Netzwerke integrieren.

Zusammenfassend lässt sich feststellen: Die Wi-Fi Standardfamilie IEEE 802.11 ist in ihrer Entwicklung weit fortgeschritten. Sie zielt exakt auf die notwendige Flexibilität, welche Verbraucher nicht mehr von einer bestimmten Netzwerk-Umgebung abhängig macht. Aus deren Sicht werden Technik und Standards weitgehend uninteressant. Was wirklich zählt, sind einzig die multimedialen Kommunikations-Dienste, die sie künftig mit nur noch einem einzigen Multifunktions-Gerät nutzen.

Auf die Intelligenz des Netzwerks kommt es an

Das Zusammenwachsen von Wireless LAN und Mobilfunk – wovon die eingangs erwähnten Kombihandys nur einen ersten Vorgeschmack geben – wirft die Frage nach der technologischen Evolution im Mobilfunk auf: Gerade das breitbandige UMTS erfüllt alle technischen Voraussetzungen für Voice over IP. IP-Telefonie scheint somit prädestiniert als Motor für die oben geforderte Verschmelzung von Fixed und Mobile Networks.

Unabhängigkeit zwischen Gerät und Netzwerk – egal ob Mobilfunk-, Festnetz oder Wireless LAN – ist nur die eine Seite der Medaille. Die andere ist die Fähigkeit der Infrastruktur, **neue Dienste kostengünstig und flexibel** zu adaptieren. «Intelligenz» ist die Haupt-Eigenschaft der Netzwerk-Strategie von Cisco Systems im Service Provider Umfeld – das IP Next Generation Network. IP-Telefonie ist in diesem Konzept nur noch eine Netzwerk-Applikation unter vielen. Eine andere, ungemein viel versprechende ist zum Beispiel Video over IP. Was der Deutschen Telekom seinerzeit mit ISDN-basierten Bildtelefonen nicht gelang, rückt dank IP in greifbare Nähe: Video-Telefonie im Massenmarkt zu verankern. Die digitale Kamera- und Display-Technik ist längst weit genug fortgeschritten – die mobile Übertragung von Video Streams in Echtzeit ist heute ebenfalls kein Problem mehr. Jetzt kommt es darauf an, aus diesen Zutaten attraktive Angebote für die mobilen Kunden von morgen zu schnüren – und sie als zusätzlichen Service kostengünstig ins IP Next Generation Network zu integrieren. Der Bedarf ist auf jeden Fall da, sowohl bei Geschäftskunden (zum Beispiel für mobile Video-Konferenzen) als auch im Privatkunden-Sektor.

Das IP Next Generation Network ebnet somit auch für Service Provider und Telefongesellschaften einen Weg hin zu profitablen in die wirtschaftliche Zukunft. Denn nur auf der Basis intelligenter Netzwerke können sie mit vergleichsweise geringen Investitionen neue Dienstleistungen schnell auf den Markt bringen. Und angesichts schrumpfender Gewinne bei herkömmlicher Telefonie sind innovative Mehrwert-Dienste das einzige Mittel, um sich im Wettbewerb zu differenzieren.

Gewinner sind die Kunden

Gewinner der durch IP-Telefonie in Gang gesetzten Konvergenz-Revolution werden eindeutig die Kunden sein: Schon heute telefonieren sie dank SIP (das in Kapitel 1 besprochene *Session Initiation Protocol)* via DSL und Internet oftmals gratis, in jedem Fall aber deutlich preisgünstiger als bisher. Für E-Mail, Internet und Telefon benötigen sie künftig nur noch ein Gerät – und sie können ihren kompletten Kommunikationsservice bei einem einzigen Anbieter beziehen.

Unternehmen nutzen Hosted oder Managed IP-Telefonie, um sich vom Zwang zu befreien, eigene Infrastrukturen aufbauen und pflegen zu müssen. Künftig werden sie individuell zugeschnittene Lösungen für Unified Communication unkompliziert bei einem Provider ihrer Wahl buchen können. Vereinheitlichte Multimedia-Kommunikation – das zeigen bereits die Erfahrungen der Gegenwart – verbessert die Geschäftsprozesse in Firmen und öffentlichen Einrichtungen. Sie führt zu mehr Produktivität und effektiverem Ressourcen-Einsatz bei der Umsetzung der jeweiligen Businessziele.

Auch Service Provider haben bereits IP-Telefonie für den Privatmann in ihrer Angebotsliste.

Den Telekommunikations-Anbietern gibt das IP Next Generation Network alle erforderlichen Mittel an die Hand, um sich auf den verwandelten Kommunikations-Märkten von morgen zu positionieren. Stationäre und mobile IP-Telefonie wird dabei nur noch ein Dienst unter vielen sein. Aus Anbieter-Sicht stellt sich ein IP Next Generation Network somit als Basis-Infrastruktur zum flexiblen Design medienbruchfreier Kommunikations-Services dar – zuzüglich ebenso flexibler Abrechungsmodelle.

Fazit: Die Zukunft hat bereits begonnen. Gemeinsam mit anderen Marktteilnehmern stellt Cisco Systems die technologischen Weichen, so daß – ohne Gefährdung früher geleisteter Investitionen – heutige Kommunikations-Restriktionen gemeinsam überwunden werden können. Wie schnell die Entwicklung bei den Kunden ankommt, wird entscheidend vom Fortgang der entsprechenden Bestrebungen zur Standardisierung abhängen. Nicht zuletzt zählt die unternehmerische Kreativität der Anbieter, deren Aufgabe es ist, die Intelligenz von Netzwerken in marktfähige Dienstleistungen zu übersetzen.

Wichtige Fachbegriffe

Glossar

Analog

Bei der analogen Datenverarbeitung sind im Gegensatz zur digitalen Datenverarbeitung nicht nur die beiden Zustände Eins und Null möglich, sondern auch unendlich viele Zwischenzustände. Telefongespräche, die nicht über ISDN geführt werden, sind beispielsweise analog. Rechner arbeiten mit digitalen Informationen. Sollen Daten vom Rechner in das analoge Telefonnetz übertragen werden, müssen die Daten zunächst umgewandelt werden. Dieses übernimmt ein Modem.

API

API ist die Abkürzung für Application Programming Interface und stellt eine genormte Schnittstelle dar. Über diese Schnittstelle kann der Programmierer direkt bestimmte Betriebssystem-Funktionen nutzen.

ARDIS

ARDIS ist in den achtziger Jahren von den Unternehmen Motorola und IBM gegründet worden. Es sollte zunächst für die drahtlose Kommunikation zwischen den Mitarbeitern der Unternehmen eingesetzt werden. Das Netz wurde aber schon bald auch von anderen Kunden verwendet. Heutzutage zählt es immer noch zu einem der grössten Netze in den U.S.A. Eines der wichtigsten Merkmale des ARDIS-Netzes ist die Erreichbarkeit von mobilen Geräten auch in Gebäuden mit starker Abschirmung.

Bandbreite

Mit dem Begriff Bandbreite wird der Frequenzbereich eines bestimmten Übertragungsmediums bezeichnet. Die Bandbreite hängt direkt mit der Datenübertragungsgeschwindigkeit zusammen: Je grösser die Bandbreite ist, desto grösser ist die Datenübertragungsgeschwindigkeit.

Benutzerschnittstelle

Die Benutzerschnittstelle wird oftmals auch als Benutzeroberfläche bezeichnet. Diese soll dem Anwender die Verwendung eines bestimmten Geräts erleichtern. Heutzutage sind viele Benutzerschnittstellen grafisch orientiert. Bekannte Betriebssysteme wie Windows oder MacOS stellen dem Benutzer grafische, objektorientierte Benutzeroberflächen zur Verfügung.

Betriebssystem

Das Betriebssystem wird nach dem Starten des Rechners geladen, dieser Vorgang wird auch als Booten bezeichnet. Ohne das Betriebssystem wäre ein Rechner für den Benutzer nutzlos. Das Betriebssystem verwaltet u. a. die verschiedenen Speicher eines Rechners, wie z. B. Festplatten, Disketten, DVDs, CD-ROMs etc. Bekannte Betriebssysteme sind Windows, Unix, OS/2, MS-DOS und Linux.

Bit

Bit ist die Abkürzung für Binary Digit, übersetzt Binärziffer. Damit wird die kleinste Informationseinheit in der Computerwelt bezeichnet. Ein Bit nimmt zwei Zustände bzw. Werte an: Null und Eins. Die beiden Werte werden miteinander kombiniert und aneinandergereiht und können somit jede Information darstellen.

Browser

Ein Browser ist ein Programm, mit dem sich ein Anwender Dateien anzeigen lassen kann. Beispielsweise kann man sich mit einem WWW-Browser Seiten im World Wide Web anschauen. Häufig sind in einem Browser weitere Dienste eingebunden, wie z. B. Newsgroup- und E-Mail-Dienste.

Byte

Byte ist die Einheit für die Speicherkapazität bzw. Informationsmenge. 8 Bit sind 1 Byte. Es ist möglich, mit einem Byte insgesamt 256 Zeichen darzustellen.

CDMA

CDMA ist die Abkürzung für Code Division Multiple Access. Damit wird eine Technologie bezeichnet, die Streuspektren-Verfahren verwendet. Dabei verwendet jeder Kanal das komplette verfügbare Spektrum. Einzelne Übertragungen werden durch eine pseudo-zufällige digitale Sequenz verschlüsselt.

CDPD

CDPD, die Abkürzung für Cellular Digital Packet Data, ist eine Technologie für die Datenübertragung. Diese Technologie wurde für Telefonfrequenzen entwickelt und verwendet nicht genutzte Kanäle, um Daten in Paketen zu übertragen. Diese Technologie bietet eine hohe Datenübertragungsrate, einen schnelleren Anrufaufbau und eine bessere Fehlerkorrektur.

Client

Mit dem Begriff Client sind Anwendungen bzw. Rechner gemeint, die Daten von einem oder mehreren Servern erhalten bzw. abrufen.

Content Provider

Content Provider heisst übersetzt soviel wie Anbieter für Inhalte. Diese Provider erzeugen nicht nur Inhalte, sondern stellen diese Dritten zur Verfügung.

Datenpaket

Daten werden – abhängig vom verwendeten Protokoll – häufig in Pakete unterteilt. Die Aufteilung in Pakete für den Datentransfer hat u. a. den Vorteil, dass bei Verlust oder Beschädigung eines oder mehrerer Pakete nicht alle Daten wieder übertragen werden müssen, sondern nur die verlorengegangenen bzw. beschädigten Pakete.

Desktop-Computer

Als Desktop-Computer wird ein Rechner bezeichnet, der auf den Schreibtisch gestellt werden kann – mitsamt seiner Tastatur, seinem Bildschirm und der Zentraleinheit.

Digital

Digital ist der gegensätzliche Begriff von analog. Dabei besteht eine Beschränkung auf eine diskrete, begrenzte Anzahl von Werten. Analoge Grössen können hingegen unendlich viele Zwischenwerte in einem Intervall annehmen. Werden analoge Werte in digitale Werte umgewandelt, spricht man von Digitalisieren.

Display

Mit dem Display wird der Anzeigebildschirm bzw. der Monitor eines Gerätes bezeichnet, auf dem Informationen dargestellt werden, z. B. das XML-Display eines Cisco-IP-Telefons. Das Display von mobilen Geräten ist wesentlich kleiner als das von Desktop-Computern.

FDMA

FDMA ist die Abkürzung für Frequency Division Multiple Access. Den Teilnehmern im Netz werden während des jeweiligen Gesprächs bestimmte Frequenzen zugewiesen, die diese auch das ganze Gespräch hindurch verwenden. FDMA wird normalerweise in analogen und einfach aufgebauten digitalen Systemen verwendet.

Gateway

Ein Gateway ermöglicht, dass unterschiedliche Protokolle und/oder Adressierungen, die in verschiedenen Netzen verwendet werden, im jeweils anderen Netz verstanden bzw. richtig interpretiert werden.

GUI

GUI ist die Abkürzung für Graphical User Interface (grafische Benutzerschnittstelle). Damit wird die grafische Benutzeroberfläche von Betriebssystemen bezeichnet. GUI erleichtert dem Benutzer den Zugang zu Eigenschaften und Funktionen eines Systems; viele der wichtigsten Funktionen können mit der

Maus erreicht werden. Beispiele für Betriebssysteme mit GUI sind Windows, OS/2 und MacOS. DOS-Systeme hingegen basieren auf einer reinen Texteingabe.

Handheld PC

Handheld PCs sind etwa handflächengrosse, tragbare Geräte. Die Eingabe von Daten erfolgt in der Regel über eine kleine Tastatur oder über einen Touch-Screen (Eingabe mit dem Stift oder den Fingerspitzen). Der Handheld-PC wird oftmals zur Organisation und Verwaltung von Terminen eingesetzt.

HDML

HDML ist die Abkürzung für Handheld Device Markup Language. Diese Sprache wird verwendet, um Inhalte für mobile Geräte zu formatieren. Das Unternehmen Phone.com (zuvor Unwired Planet) hat diese Sprache entwickelt. HDML ist vor dem WAP-Protokoll entwickelt worden. Es verwendet das Protokoll HDTP (Handheld Device Transport Protocol).

Hertz

Hertz ist die Einheit der Frequenz.

HTML

HTML ist die Abkürzung für Hypertext Markup Language (Hypertext-Auszeichnungssprache). Die in HTML geschriebenen Dokumente umfassen beispielsweise Befehle für die Formatierung und Anordnung von Texten und für das Einbinden von Grafiken und multimedialen Elementen. Der Vorteil von HTML-Dokumenten ist deren Betriebssystem-Unabhängigkeit.

HTTP

Die Abkürzung HTTP steht für den Begriff Hypertext Transfer Protocol (Hypertext-Übertragungsprotokoll). Mit Hilfe dieses Protokolls werden beipielsweise HTML-Dokumente im Internet übertragen.

IP

IP ist die Abkürzung für Internet Protocol. Dieses Protokoll stellt den Standard für die Übertragung im Internet und auch in kleineren Netzwerken dar. Es legt u. a. das Adressierungsschema und das Routen der Daten im Netzwerk fest. Den korrekten und vollständigen Datentransfer kann es allerdings nicht gewährleisten, diese Aufgabe übernimmt das Protokoll TCP.

IPv6

IPv6 (IP Version 6) bzw. IPnG (IP new generation), das IP-Adress-System der neuen Generation, ist entwickelt worden, um dem Mangel an Internet-Adressen entgegenzuwirken. In diesem System werden nicht 32 Bits für eine Binäradresse verwendet, wie es bei der herkömmlichen IP-Adress-Vergabe der Fall ist, sondern 128 Bits. Daraus können wesentlich mehr Internet-Adressen gewonnen werden. Das neue IP-Adress-System hat allerdings mit einigen Verzögerungen im Internet Einzug gehalten, da dies eine Vielzahl von Änderungen mit sich bringt.

ISDN

ISDN ist die Abkürzung für Integrated Services Digital Network. Beim ISDN wird der digitale Transfer von Sprache und Daten realisiert. Einfache ISDN-Anschlüsse verfügen über zwei Kanäle, so dass Datenübertragungen mit je 64 kBit/s ermöglicht werden. Um den Rechner an ISDN anzuschliessen, benötigen Sie lediglich eine ISDN-Steckkarte für den Rechner.

ISP

ISP ist die Abkürzung für Internet Service Provider (Anbieter für Internet-Dienstleistungen). Diese Anbieter stellen ihren Kunden in der Regel nicht nur direkte Internetverbindungen zur Verfügung, sondern auch Zusatzpakete, wie z. B. freie E-Mail-Adressen oder Speicherplatz für eigene Homepages.

Java

Java ist eine Programmiersprache, die plattformunabhängig, objektorientiert und an die Programmiersprache C++ angelehnt ist. Mit Java werden eigenständige Programme und Applets geschrieben, die sowohl in vielen Betriebssystemen als auch im Internet Verwendung finden. Im Jahre 1997 hat die ISO Java normiert.

JavaScript

Wie die Bezeichnung bereits vermuten lässt, ist diese Programmiersprache an Java angelehnt. Diese Sprache ist für einfache bis mittlere Lösungen im HTML-Bereich konzipiert worden. Programme, die auf JavaScript basieren, werden in der Regel als Normaltext in die entsprechenden HTML-Seiten eingebunden.

LAN

LAN ist die Abkürzung für Local Area Network (lokales Netzwerk). Dieses Netzwerk nimmt in der Regel nur wenige Kilometer ein und findet hauptsächlich in Unternehmen Verwendung. Mit dem LAN werden beispielsweise mehrere Büros in einem Unternehmen miteinander vernetzt. Die Vernetzung wird in der Regel durch die Verkabelung der verschiedenen Rechner, weniger häufig durch IR-Anschlüsse realisiert.

Laptop
Ein Laptop bzw. Notebook ist ein kleiner Rechner, der zusammengeklappt und mobil eingesetzt werden kann. Ein Laptop hat sowohl eine Maus als auch eine Tastatur. Die Maus ist in der Regel als Touchpad, Touchpoint oder Trackball eingebunden. Verglichen mit gewöhnlichen Rechnern sind die Laptops diesen heutzutage ebenbürtig.

Latenz
Im Netzwerkbereich wird damit die Zeitspanne bezeichnet, die benötigt wird, um ein Paket von einem Sender zu einem Empfänger zu übertragen. Zusammen mit der Bandbreite werden damit die Geschwindigkeit und die Kapazität eines Netzwerks definiert.

Leitungsvermittlung
Bei der Leitungsvermittlung werden Punkt-zu-Punkt-Verbindungen während der Kommunikation zwischen zwei Knoten in einem Netz aufgebaut. Beispielsweise funktionieren analoge Systeme auf diese Art und Weise. Digitale Systeme basieren in der Regel auf der so genannten Paketvermittlung.

Mobile Zugriffsterminals
Teilnehmer in einem Mobilfunknetz verwenden so genannte mobile Zugriffsterminals, zu denen u. a. Handys und andere schnurlose Geräte gehören. Die Geräte zeichnen sich dadurch aus, dass sie klein und handlich sind und überall hin mitgenommen werden können. Die mobilen Zugriffsterminals bauen im Netz Verbindungen zu den Basisstationen auf.

Modem
Modem ist ein künstlicher Begriff aus den Worten Modulation und Demodulation. Damit werden Geräte zur Kommunikation bezeichnet, die Datenübertragungen von Rechnern in das analoge Telefonnetz und umgekehrt ermöglichen. Dabei werden die digitalen Informationen vom Rechner in analoge Signale und andersherum umgewandelt.

Organizer
Mit dem Begriff Organizer werden häufig PDAs bezeichnet, die ähnlich wie ein Filofax eingesetzt werden. Zudem bezeichnet es auch die entsprechende Software.

Paketvermittlung
Zu den Netzen, die mit der Paketvermittlung arbeiten, gehören u. a. das weltweite Internet und die Mobilfunknetze. Der Sender von Informationen teilt diese vor der Übertragung in Pakete auf, die dann über das Netz übertragen

werden. Der Empfänger setzt die Pakete anschliessend wieder zu einem Ganzen zusammen. Werden einzelne Pakete beschädigt oder gehen diese während der Übertragung verloren, brauchen nicht noch einmal alle Daten übertragen werden, sondern nur die entsprechenden Pakete.

Palm

Palm ist der Handelsname für einen bekannten PDA, der auch als Palmtop-Computer bezeichnet wird. Der ursprüngliche Name ist PalmPilot gewesen. 1996 ist dieser vom Unternehmen Palm Computing Inc. auf den Markt gebracht worden. Das dazugehörige Betriebssystem ist PalmOS, das es in verschiedenen Versionen gibt. Die Eingabe erfolgt bei diesem Gerät in der Regel über einen Touch-Screen mit den Fingerspitzen oder mit einem Stift. Mit dem Palm können Daten heruntergeladen, gespeichert und angezeigt werden, wie z. B. elektronische Bücher (eBooks).

PCS

PCS ist die Abkürzung für Personal Communication Service. Das ist ein Begriff der FCC (Federal Communications Commission), um einen Satz digitaler Technologien zu beschreiben, die in den U.S.A. entwickelt worden sind. PCS arbeitet über CDMA, GSM und TDMA-Schnittstellen.

PDA

PDA ist die Abkürzung für Personal Digital Assistant (persönlicher digitaler Assistent). Damit werden Geräte bezeichnet, die ungefähr handflächengross sind und sich je nach Gattung über einen Touch-Screen mit einem Stift oder über eine Tastatur bedienen lassen. Ihr Display ist entweder monochrom (S/W) oder farbig. Je nach PDA und Betriebssystem können u. a. Dokumente und Tabellen bearbeitet, E-Mails abgerufen und eBooks (elektronische Bücher) gelesen werden. Die bekanntesten Betriebssysteme im Zusammenhang mit den PDAs sind Windows CE und PalmOS.

PIM

PIM ist die Abkürzung für Personal Information Manager. Damit wird ein Typ einer Softwareanwendung bezeichnet, der Benutzern hilft, zufällige Informationsbits zu organisieren. Die meisten PIMs ermöglichen es dem Benutzer, verschiedene Arten von Textabschnitten einzugeben und diese anschliessend in einer nützlichen Art und Weise zusammenzufügen. Viele PIMs umfassen u. a. Kalender, Zeitpläne und Programme mit Taschenrechnerfunktionen.

Pixel

Pixel ist die Abkürzung für die beiden Begriffe Picture und Element. Damit wird die kleinste darstellbare Bildeinheit, ein Bildpunkt, bezeichnet.

PKI
PKI ist die Abkürzung für Public Key Infrastructure. So nennt sich ein System, mit dem Benutzer Daten sicher – beispielsweise über das Internet, das ein vergleichsweise unsicheres Netzwerk darstellt – übertragen können. Das Prinzip, auf dem PKI basiert, wird auch als asynchrone Verschlüsselung bezeichnet.

Pocket PC
Pocket PCs sind PDAs, die mit dem Betriebssystem Windows CE (Version 3.0) arbeiten. Pocket PCs haben vergleichsweise schnelle Prozessoren und sind mit mehr Funktionen und Eigenschaften als ihre Vorgänger ausgestattet.

QoS
QoS ist die Abkürzung für Quality of Service. Dies ist ein netzwerkspezifischer Begriff, mit dem ein spezieller Grad an Datendurchsatz bezeichnet wird. Damit wird den Benutzern eines bestimmten Netzes, das auf QoS basiert, eine Latenz während der Übertragung gewährleistet, die ein festgelegtes Ausmass nicht überschreitet.

Scripting
Mit Hilfe von Scripting-Umgebungen, wie z. B. VBScript, Java und JavaScript, können Entwickler interaktive Inhalte erstellen. Diese werden vom Client ausgeführt. Die entsprechenden Browser können die in den zuvor aufgeführten Sprachen geschriebenen Programme herunterladen und ausführen lassen. Die Programme können nur einen Teil oder eine ganze Seite im Internet umfassen.

Server
Ein Server vereint in der Regel einen oder mehrere Dienste in sich, die er den Clients in einem Netzwerk zur Verfügung stellt. Zu den Diensten gehören beispielsweise Kommunikationsdienste, Applikationsdienste und/oder Verwaltungsdienste. Häufig werden mehrere Server in einem Netzwerk eingesetzt, um die verschiedenen Dienste zwischen diesen aufzuteilen.

Tags
In Dokumenten, die beispielsweise in HTML oder XML geschrieben sind, werden die Formatierungsanweisungen als Tags bezeichnet. Der Browser erkennt und interpretiert die Tags. Auf diese Weise wird ihm mitgeteilt, wo und wie bestimmte Komponenten einer Seite dargestellt werden müssen.

TCP/IP
Der Begriff Transmission Control Protocol/Internet Protocol wird mit TCP/IP abgekürzt. TCP/IP umfasst eine ganze Protokollfamilie, die ursprünglich für das amerikanische Verteidigungsministerium entwickelt wurde. Mit diesem

Protokoll können Rechner, die sich in verschiedenen Netzwerken befinden, miteinander verbunden werden. TCP/IP bildet heutzutage die Grundlage für das weltweite Internet und wird in zahlreichen LANs verwendet.

TDMA

TDMA ist die Abkürzung für Time Division Multiple Access. Mit TDMA wird ein Funkkanal in mehrere verschiedene Zeiteinheiten unterteilt. Dadurch können mehr Daten übermittelt werden.

Touch-Screen

Über einen Touch-Screen bzw. Tastbildschirm/Sensorbildschirm können Daten eingegeben werden. Diese Art von Bildschirm hat Sensoren auf seiner Oberfläche bzw. seiner Umrandung. Wird der Bildschirm von Fingerspitzen oder einem Stift berührt, werden diese Berührungen als Befehle interpretiert. Mit diesen Befehlen werden Funktionen des entsprechenden Programms gesteuert. Die PDAs sind in der Regel mit einem Touch-Screen ausgestattet.

VBScript

VBScript ist eine Script-Sprache, die mit Visual Basic verwandt ist. Diese Sprache wurde um mehrere Funktionen erweitert, so dass sie speziell für Web-Anwendungen sehr gut geeignet ist. VBScript ist wesentlich einfacher als die Programmiersprache Visual Basic und wird vor allem in Web-Seiten verwendet, die für den Microsoft Internet Explorer bestimmt sind.

Vermittlungsstelle

Die Vermittlungsstelle (Mobile Switching Center, kurz MSC) organisiert und verwaltet die verschiedenen Basisstationen in einem Mobilfunknetz.

VPN

Die Abkürzung VPN steht für den Begriff Virtual Private Network. Damit werden beispielsweise ein Computer und ein Netzwerk, zwei Computer oder zwei Netzwerke miteinander verbunden. Die dafür verwendeten Verbindungen sind öffentlich (z. B. das Internet). Um die Datentransfers vor Eindringlingen zu schützen, werden die Daten mittels eines so genannten Tunneling-Protokolls ver- und entschlüsselt. Der Vorteil eines VPNs ist, dass kein eigenes Netz eingerichtet werden muss, was sowohl Zeit als auch Geld spart.

Website

Als Website bzw. Site wird ein gesamtes Angebot im Internet bezeichnet. Es umfasst u. a. die einzelnen HTML-Dokumente, Steuerdateien und Binärdateien.

Windows CE

Windows CE ist ein Betriebssystem, das von Microsoft entwickelt wurde. Sein Aussehen ähnelt dem der verwandten Betriebssysteme, wie z. B. Windows 98 oder Windows 2000. Windows CE ist im Grunde ein abgespecktes Windows-Betriebssystem, das extra für PDAs konzipiert wurde. Konkurrenz hat Windows CE vor allem durch das PalmOS-Betriebssystem.

WML

WML ist die Abkürzung für Wireless Markup Language. Ebenso wie bei HTML und XML handelt es sich dabei um eine Seitenbeschreibungssprache. Allerdings ist diese für die Anzeige auf den vergleichsweise kleinen Displays von mobilen Geräten ausgelegt. In WML ist es möglich, eine Seite in separate Cards aufzuteilen, die dem Display eines Handys ähneln.

XML

Die Abkürzung XML steht für Extended Markup Language. Diese Sprache ist ebenso wie HTML eine Seitenbeschreibungssprache, die für das Internet verwendet wird. Im Unterschied zu HTML können bei XML eigene Befehle erstellt werden. W3C hat XML als Standard definiert.

Softphone-Features

- Integration in Outlook und Netmeeting.
- Allein stehendes virtuelles Telefon.
- Anbindung an Hardware-Telefon möglich.
- Frei konfigurierbares Display mit Tastenfeld, Telefonverzeichnis und Anruferprotokoll.
- Digitale Anrufbeantworter-Funktion.
- Protokollierung aller Gespräche mit Rufnummer, Datum, Uhrzeit und Länge des Telefonats.

Callmanager-Features

- Automatische Rufumleitung.
- Automatische Bandbreiten-Einstellung für jedes Telefonat.
- Automatische Leitungswahl.
- Rufnummernanalyse und Anrufbehandlung.
- Dezentrale Anrufbearbeitung mit dem Callmanager.
- Maximal 2500 Geräte pro Callmanager.
- Fax over IP.
- H.323-Schnittstelle.
- Mehrere ISDN-Protokolle.
- Debugging-Tools für die Fehlersuche.
- Echtzeit-Ereignisüberwachung in einem Logprotokoll.
- Leitungsgruppen.
- Gebührenabrechnung.
- Gesprächsstatistik.
- Pausenunterdrückung und Spracherkennung.

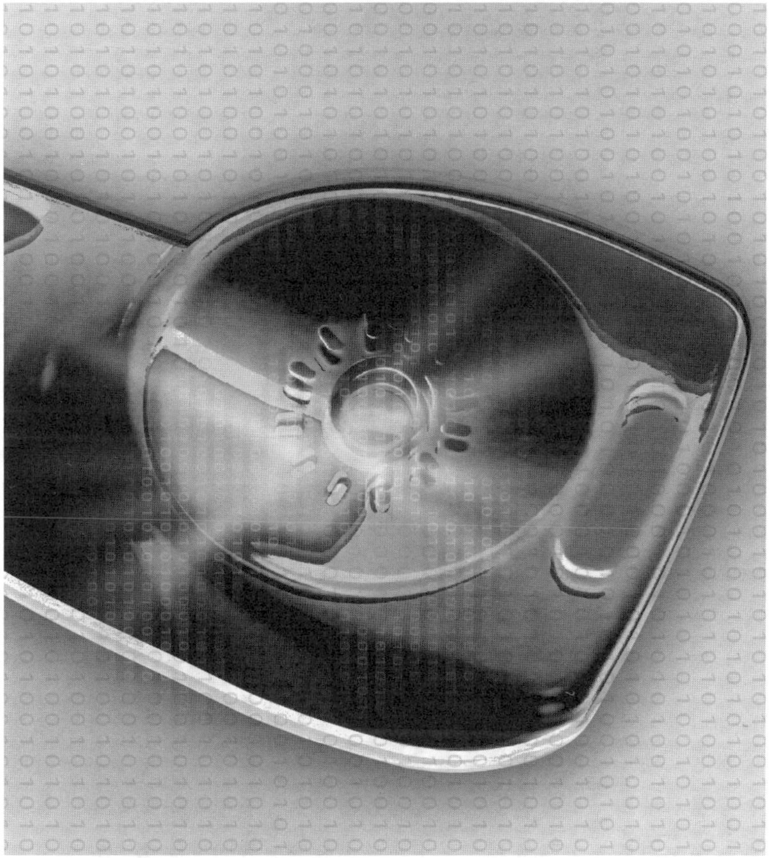

Index

V

W

X

Z

www.smartbooks.ch

www.smartbooks.de

Schauen Sie doch mal vorbei!